Dietrich Grund

4000 Jahre Bauern

in Taufkirchen

© 2021, Dietrich Grund
Herstellung und Verlag:
BoD – Books on Demand, Norderstedt
ISBN: 9783755714880

Der Autor

Dietrich Grund

Heimatforscher Taufkirchen bei München

geb. 1942 in Diez (Nassau)

www.dietrich-grund.de

Bisher vom Autor im gleichen Verlag erschienen:

„Der Hachinger Bach, Seine Entstehung – seine Menschen –

seine Mühlen" (ISBN 978-3-7347-3106-8)

„Hilprant und die Familie der Taufkircher"

(978-3-7386-5482-0)

„Kleine Chronik von Taufkirchen"

(978-3-7431-1725-9)

„Kirche und Gemeinde St. Johannes in Taufkirchen"

(978-3-7504-9654-5)

Grußwort von Kreisheimatpfl. Dr. Heinz

 Das Leben auf dem Lande, so romantisch es in der Rückschau auch oft dargestellt werden mag, war von jeher mit harter körperlicher Arbeit verbunden. Die Abhängigkeit von der Bodenqualität, dem Wetter und den Launen der kirchlichen oder weltlichen Grundherren bestimmte lange Zeit das Schicksal der Bauern.

Welch entscheidenden Wandel die Landwirtschaft im Laufe der Zeit vollzogen hat, lässt sich am besten über die Zahl der Beschäftigten verdeutlichen: In den frühen vorgeschichtlichen Ansiedlungen waren noch alle an Ackerbau und Viehzucht beteiligt. Bis zum 19. Jahrhundert hatte sich der Anteil der Bauern bereits auf ca. 65%, in den 1950er-Jahren auf ca. 30% reduziert. Aktuell sind nur noch knapp 2% aller Beschäftigten Bayerns im Bereich der Land- und Forstwirtschaft tätig – bei unveränderter Produktivität.

Über einen Zeitraum von vier Jahrtausenden hat Dietrich Grund die Entwicklung der Landwirtschaft in seinem Heimatort herausgearbeitet. Von den ersten Spuren einer bäuerlichen Siedlung im Raum Taufkirchen zur Bronzezeit, über die gut dokumentierte Epoche des Mittelalters und der frühen Neuzeit, bis hin zu den entscheidenden Innovationen des 19. und 20. Jahrhunderts – all dies wird nicht nur dargestellt, sondern direkt in die Ortsgeschichte eingebunden.

Gleichzeitig wird der Blick auch auf die allgemeine Zeitgeschichte Bayerns gelenkt. Was hier am Beispiel von Taufkirchen aufgearbeitet wurde, steht in vielen Dingen exemplarisch für die Dörfer in der Münchner Schotterebene, so dass das Buch für alle an der Lokalgeschichte Interessierten nicht nur von besonderem Wert ist, sondern hoffentlich auch anregt, sich mit der Geschichte der Landwirtschaft im eigenen Ort zu befassen.

Christine Heinz

Kreisheimatpflegerin des Landkreises München

Grußwort von Prof. Dr. Hermann Rumschöttel

 Dietrich Grund, Taufkirchens fleißiger Heimatforscher und produktiver Gemeindechronist, stellt in seiner neuen Veröffentlichung die „Landwirtschaft" in den Mittelpunkt einer ortsgeschichtlichen Darstellung. Er schlägt dabei einen großen Bogen von der Vor- und Frühgeschichte bis in unsere Tage. In bewährter landesgeschichtlicher Tradition betrachtet er die Bauern, den Landbau, den Agrarsektor nicht isoliert, sondern er beschreibt und analysiert seinen Gegenstand stets im Rahmen der gesamtgesellschaftlichen und politischen Entwicklung. Dieses methodische Vorgehen hat zur Folge, dass seine Darstellung viel mehr ist als ein bloßer Abriss der Agrarentwicklung Taufkirchens. Er liefert nicht weniger als eine kurze Geschichte dieses Siedlungsraums und seiner Menschen.

Natürlich bildet die Landwirtschaft den Schwerpunkt der Ausführungen. Es ist ja gerade dieser Bereich, der viele Jahrhunderte lang das Leben von „Land und Leuten" nicht nur in Bayern bestimmte. Der Übergang von der Agrargesellschaft, vom Agrarstaat zum Industriestaat und zur Dienstleistungsgesellschaft vollzieht sich in Bayern in einem langen und langsamen Prozess, der erst nach dem Zweiten Weltkrieg zu einem gewissen Abschluss kommt. Aber auch danach werden das Bild der Landschaft, weltliche und kirchliche Traditionen, politisches Handeln und das Leben eines weiterhin wichtigen Teils der Bevölkerung von der Landwirtschaft beeinflusst.

Orts- und Heimatgeschichte ist deshalb zu einem großen Teil die Geschichte des bäuerlichen Lebens, der Sorge um Acker, Feld, Wiese und Wald, des Zusammenlebens mit den Tieren. Ohne Verständnis für diesen gesellschaftlich-wirtschaftlichen Sektor, ohne Kenntnisse von der Entwicklung bäuerlichen Lebens und agrarischer Techniken muss das Bild von der in unsere Tage hineinwirkenden Vergangenheit lückenhaft bleiben. Eine besondere Stärke der vorliegenden Darstellung ist für

mich die Tatsache, dass der Autor bei aller Berücksich-
tigung der „großen Entwicklungen" immer die konkrete
Situation in Taufkirchen im Auge hat. Er weicht nicht
ins Allgemeine aus, sondern legt ein Geschichtsbuch
vor, das ganz in Taufkirchen verankert ist – also als
Heimatgeschichte im besten Sinne angesehen (und gelesen) werden darf.

Prof. Dr. Hermann Rumschöttel

Generaldirektor der Staatlichen Archive Bayerns a.D.

Inhaltsverzeichnis

Inhalt

Anfänge 12

Kelten - und Römerzeit 20

Frühmittelalter 29

Mittelalter 39

Neuzeit 59

19. Jahrhundert 87

20. Jahrhundert 97

Nachkriegsmoderne................................ 117

Literatur.. 140

Bildnachweis 142

Anfänge

Es heißt: „Am Ende der letzten Eiszeit, vor 12.500 Jahren, änderte sich alles … Im Land des sogenannten Fruchtbaren Halbmonds … entwickelte sich die Landwirtschaft. Was sie [die Menschen] bisher von der Natur geschenkt erhalten hatten, begannen sie nun im Schweiße ihres Angesichts selbst zu erzeugen … Das neu entdeckte landwirtschaftliche System war den alten Jäger- und Sammler-Kulturen so überlegen, dass es sich in relativ kurzer Zeit über den eurasischen Kontinent ausbreitete. Nach Mitteleuropa kam es über Kleinasien, das Schwarzmeergebiet, die Donau aufwärts und erreichte Böhmen und Bayern um das Jahr 5700 v. Chr."[1]

Der Erfolgsschriftsteller Yuval Harari will von diesem Vorzug nichts wissen und nennt die Agrarre-

---

[1] Gerald Huber, 12000 Jahre Weihnachten (…), Volk Verlag München 2019

volution in seinem Bestseller „Eine kurze Geschichte der Menschheit" dagegen knapp einen Betrug, da der Mensch sich jetzt viel mehr um sein Fortkommen kümmern musste. Er verkennt dabei, dass der homo sapiens sich einstmals von den Mitgeschöpfen separierte, und zwar durch seine Freude am Erfinden, an der Neuheit. So wie er nach dem Faustkeil das Feuersteinmesser erfand, so wurde er folgerichtig vom Sammler zum Landwirt. Und zwar in verschiedenen Teilen der Welt, wie Harari selbst dargestellt hat. Dass das Streben nach Fortschritt in den letzten Jahrzehnten allerdings selbstzerstörerische Züge angenommen hat, muss allerdings sehr nachdenklich stimmen …

Die erste menschliche Spur im Hachinger Tal bildet ein Kupferbeil, dass ein streifender Jäger hier vor 5.500 Jahren (3.500 v. Chr.) verlor. Der außergewöhnliche Fund ist auch einer der frühesten Nachweise von Metallbearbeitung in Bayern.

Unser Gebiet wurde wegen seiner Flora und Fauna sowie wegen der guten Erreichbarkeit von Trinkwasser am Bach und mit flachen Brunnen im Grundwasser ein beliebter und dauerhafter Siedlungsschwerpunkt. In Taufkirchen beim Sportzentrum fanden sich die frühesten Spuren sesshafter Siedler: Um 2.400 v. Chr., am Ende der **Jungsteinzeit** (4500-2200 v. Chr.), wurden hier 4 Frauen und 6 Männer begraben; ein erster Friedhof. Sie hatten sich Getreidefelder angelegt, aber auch weiterhin Essbares im Wald gesammelt. Einer der Männer bereicherte die Tafel mit Wildbret: seine Leute hatten ihm beim Tod eine Feilspitze aus Feuerstein und die Armschutzplatte beigelegt, die den Bogenschützen vor der zurückschnellenden Sehne geschützt hatte. Schon in jener Zeit kannten die Menschen Gerste, Dinkel, Emmer, Einkorn und den „Urweizen"[2].

Die frühen Bauern betrieben die sogenannte Ur-wechselwirtschaft: Einige Jahre lang wurde auf ei-nen Feld Getreide angebaut; sobald der Ertrag zu-rückging, kultivierte man ein neues Feld.

Mit moderner Technik gelingt es, aus der Luft Bo-denveränderungen in Waldflächen zu erkennen und zu dokumentieren. Auf diese Weise wurde es möglich, im Forstenrieder Park eine sensationelle Entdeckung zu machen: Auf einem großen Areal von 10 km² ist eine große Zahl dicht an dicht lie-gender, muldenförmiger, steinzeitlicher Felder zu erkennen. Auch im Deisenhofener Forst, an der Straße nach Oberbiberg, fand man diese Relikte. Dort gibt es auch eine Grabhügelgruppe aus der

---

[2] Katalog der Ausstellung die Bajuwaren in Rosenheim und Mattsee 1988

Jungsteinzeit, sodass man schließen kann, dass Felder und Gräber etwa gleichzeitig, auch um 2400 v. Chr., entstanden sein dürften[3].

Die Felder sind typischerweise 30 m breit, 30 bis 40 m lang und 25 bis 30 cm tief mit den Rändern in gleicher Höhe.

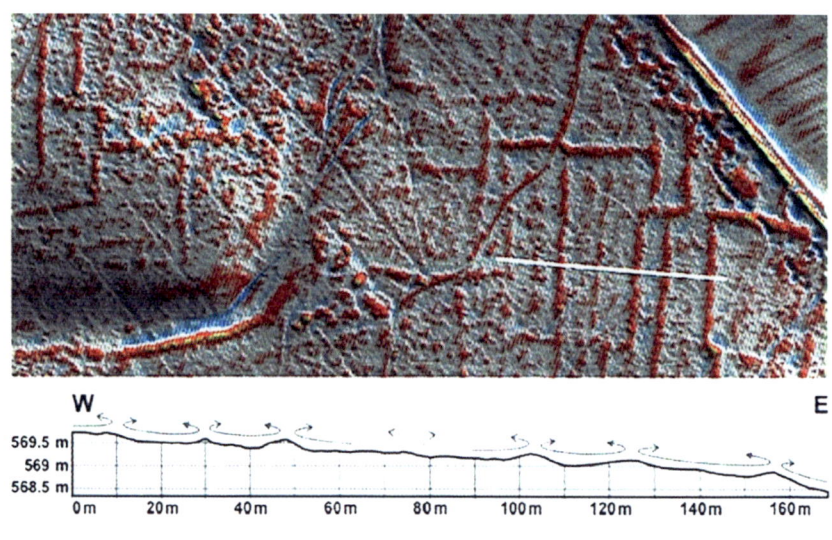

Steinzeitliche Felder im Wald

Lageplan und Querschnitt

---

[3] Volker Arnold, Älter als die Römer? Bisher übersehene Spuren einstiger Be-ackerung unter bayerischen Wäldern in Forstliche Forschungsberichte, Nr. 218, München 2020, S. 8

Die Parzellen liegen dicht an dicht; Zuwegungen fehlen. Ähnliche „Plantagen" hat man auch in Wäldern zwischen Ries und Donau sowie um Burglengenfeld, Würzburg und Schweinfurt entdeckt. In der nachfolgenden Bronzezeit gab es ähnliche Felder (Celtic Fields) an der Nordseeküste von Holland bis Dänemark. Und in unseren Wäldern findet man die wellenförmigen Reste der Wölbäcker aus dem Mittelalter.

In der **Bronzezeit** (2200-800 v. Chr.) wuchs die Bevölkerung und es entwickelte sich ein ausgedehntes System von Siedlungen mit ihren Friedhöfen in der ganzen Münchner Schotterebene.[4] Ein bronzener Barrenfund im Luitpoldpark Münchens beweist, dass auch hierzulande das neue Material auftauchte.

---

[4] Archäologische Staatssammlung München, Archäologie in München

In Bergham wurden im Erdreich zwei Webgewichte eines Handwerkers und ein Depot mit 200 Kilogramm verkohltem Getreide aus der mittleren Bronzezeit gefunden. Es enthielt Gerste dazu Emmer, Rispenhirse, Erbsen und Bohnen.

In Unterhaching wurde 1934 beim Autobau ein Urnenfeld mit 124 Gräbern aus der späten Bronzezeit (1200-800 v. Chr.) entdeckt. „Kennzeichnend für diese Epoche war die Brandbestattung, bei der die Toten auf einem Scheiterhaufen verbrannt und ihre Überreste in Urnen beigesetzt wurden".[5]

Nördlich des oben genannten, vorzeitlichen Friedhofes in Taufkirchen fanden die Ausgräber Hausgrundrisse und zwei Abfallgruben aus der Bronzezeit.

---

[5] Harald Nottmeyer in Heimatmuseum Unterhaching, Kurze Geschichte Unterhachings 2010

Begräbnisurne der Bronzezeit

Ein rotes Tonschälchen von 7,5 cm Durchmesser aus der **Hallstattzeit** (800-450 v. Chr.) beweist, dass fast durchgehend im Gemeindegebiet bäuerliche Menschen siedelten.

In Unterhaching (Sporthalle am Utzweg) wurde eine Siedlung aus dieser Zeit nachgewiesen.

Kelten- und Römerzeit

In der **Keltenzeit** (450-15 v. Chr.) errichteten die Menschen gleich ein ganzes Bauerndorf im Bereich zwischen Freizeitpark und Realschule.

Nach der Beseitigung des Oberbodens entdeckte man 1993 südlich des Köglweges und 2012 nördlich davon Pfostenlöcher, die die Experten zeichnerisch zu etwa 40 Hausgrundrissen ergänzen konnten.

Am häufigsten waren die kleinen Sechspfostenbauten. Das größte Gebäude war jedoch 20 m lang. Wegen der Breite von etwa 6,50 m war die Konstruktion durch eine dritte Pfostenreihe in zwei „Schiffe" eingeteilt.

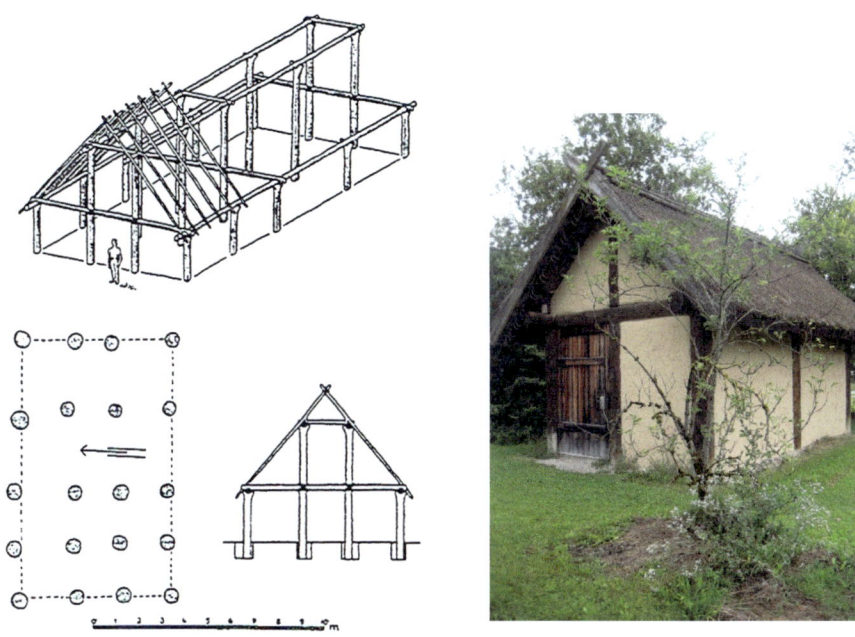

Dreischiffiges Keltenhaus als Skizze und

Sechspfostennachbau in Taufkirchen

Vom Landesamt für Denkmalschutz wird der Be-

reich als mehrphasig genutzte, ländliche Siedlung

angesehen, wie sie im Bereich der Schotterebene

zwischen der Spätbronzezeit und der Latenezeit

häufig entstanden ist. Ein Grab barg die Überreste

einer Frau, die beidseitig Bronzearmreife getragen

hatte. Zur Wegzehrung hatte man ihr Teile von Schwein und Ziege mitgegeben.

Im Grabungsareal sammelte man Knochen dieser Tiere aber auch von Rindern, Pferden und Schafen und erhielt somit Hinweise auf alle gängigen Nutztierarten.

Man fand (Abfall-)Gruben verschiedener Tiefen. In einer davon lag eine seltene Fibel, die ein Pferdekopf ziert. Eine Grube war 1,80 m tief.

Darin war ein 100 kg schwerer Granitstein vergraben worden. Der Stein weist eine flache, leicht konkave Stelle auf, die offenbar als Mahlplatte für Getreide diente.[6]

---

[6] Fa. SingulArch aus München, Grabungsbericht vom 3.12.2012

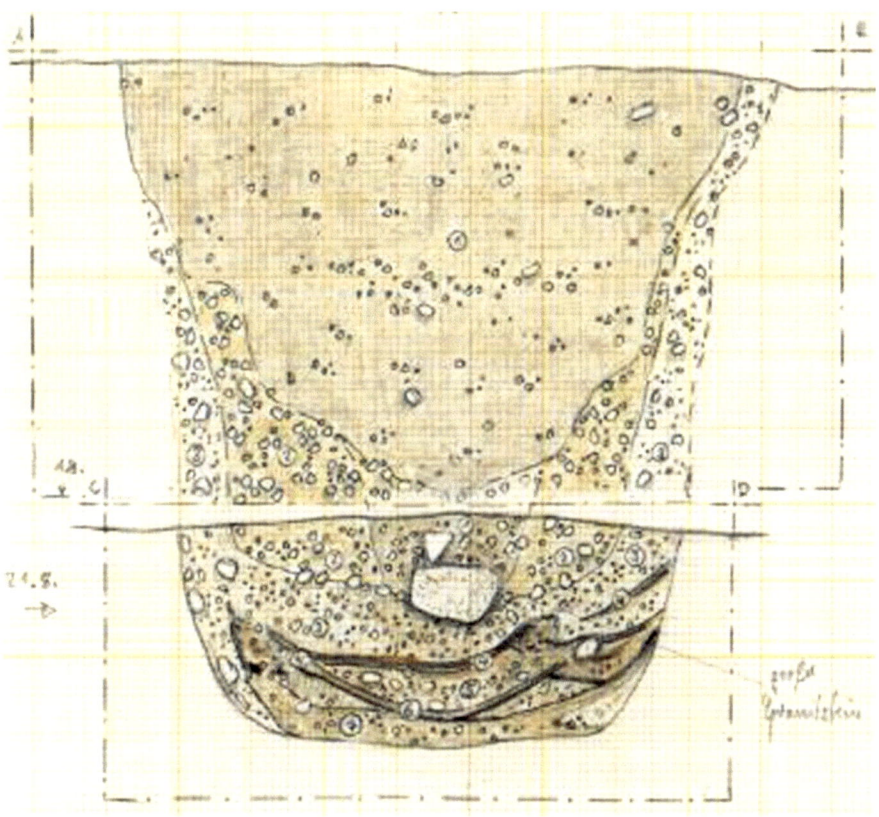

Grubenquerschnitt mit geopfertem Mahlstein

Sobald die Menschen gelernt hatten Getreide an-
zubauen und zu essen, entwickelten sie auch die
Technik, die Körner mit einem Stein auf einer stei-

nernen Unterlage zu Mehl zu zerreiben; es wurde eine Tätigkeit von zentraler Bedeutung.

Der Stein ruhte in der beschriebenen Grube auf Asche-Resten und verformten Lehmplatten, die durch Feuer verbacken waren. Die Archäologen vermuten, dass der Stein in einer religiösen Opfer-Handlung dem Erdreich übergeben wurde. Einzel-heiten lassen sich hier nicht feststellen, nur einiges grundsätzliche: In ihren Zeremonien opferten die Kelten Menschen, Tiere oder Gegenstände. Man unterscheidet in der keltischen Religion Bitt-, Dank-, Sühne- und Bauopfer.[7] An die Götter ge-richtete Bitt- und Dankopfer lassen sich weltweit feststellen.

Am Ostrand von Taufkirchen, im Mitterfeld, sie-delten Kelten und begruben ihre Toten. In drei

---

[7] Wikipedia, Stichwort Keltische Religionen

Gräbern wurden Skelette mit zahlreichen Beigaben gefunden.

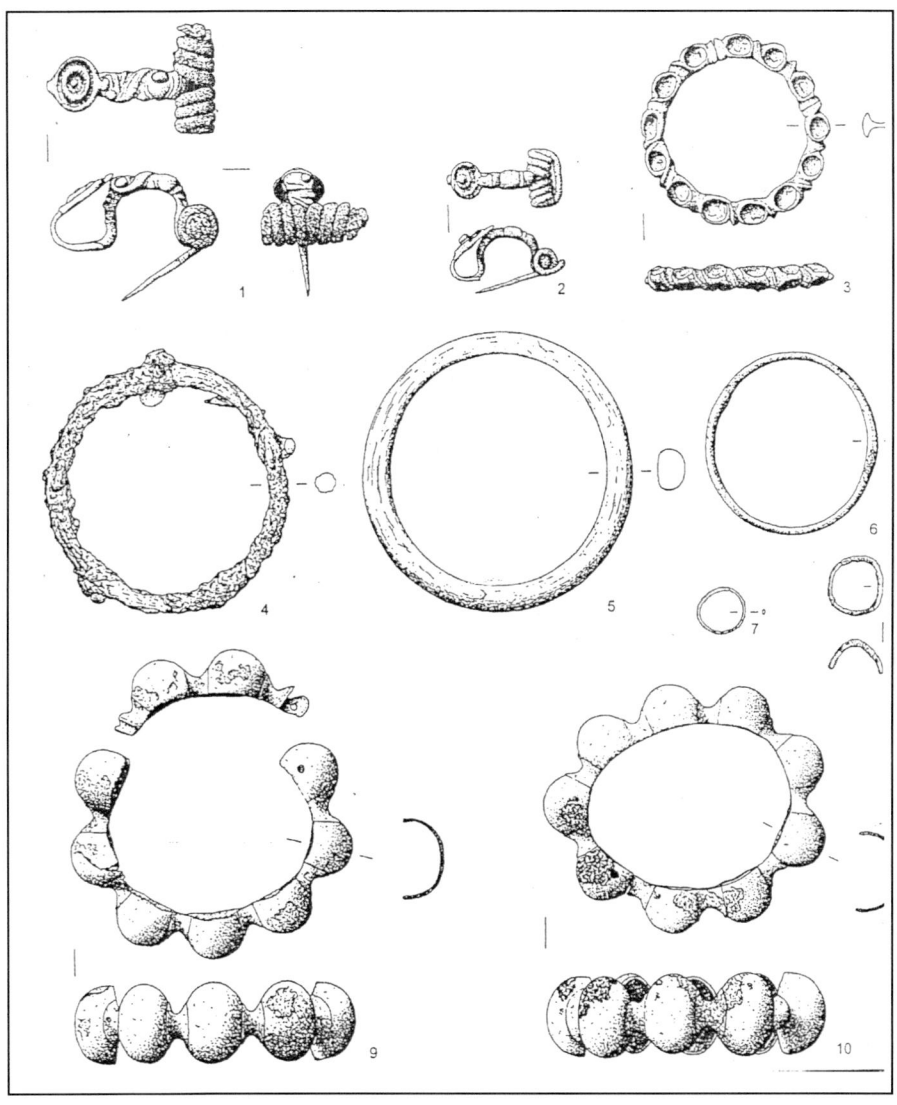

Schmuck aus einem Frauengrab

Bestattet wurden dort ein Kind, eine 25-jährige und eine 60-jährige Frau. Dem toten Kind hatte man eine große Fibel (Brosche) und einen Armreif, beide aus Eisen, mitgegeben. Die junge Frau trug zu Lebzeiten ebenfalls eine Fibel dazu zwei Armreifen. Die vornehme Greisin war geschmückt gewesen mit einer bronzenen Fibel. An Handgelenken, Oberarmen und Fingern war sie mit Ringen geschmückt. Das Landesamt für Denkmalpflege urteilte, die Fundstücke seien kunsthandwerklich sehr geschickt hergestellt worden.[8]

Im ganzen Hachinger Tal fanden sich keltische, bäuerliche Siedlungsspuren. Die Dörfer und Weiler waren mit einem Fahrweg entlang des Baches verbunden. In Oberhaching gibt es mehrere der geheimnissvollen Keltenschanzen und auf dem Ky-

---

[8] Münchner Merkur vom 3.12.1999

berg gar die Überreste eines keltischen Herrensitzes.

An der hiesigen Hochstraße, im Bereich des Wasserturms, fand man eine kleine Siedlung und einige Gräber aus der **Römerzeit** (15 v. Chr.-450 n. Chr.). Im späteren Sportparkgelände stand damals ein Bauernhof, eine villa rustica. Im Einzelnen ergrub man einen Keller mit knapp 15 m³ Innenfläche. Er war aus Nagelfluhquadern gemauert, weiß verputzt und mit roten Verzierungen geschmückt. Daneben lag ein mit der typischen römischen Bodenheizung versehener Keller mit separatem Heizraum. Der oberirdische Gebäudeteil war aus Holz errichtet worden. Er hatte einen überdachten Eingang. Die angetroffene römische Keramik – sie gibt Hinweise auf die Nutzungszeit des Gutes - stammt aus verschiedenen Phasen der Zeit zwischen dem 2. und 4. Jahrhundert.

Die Römer ernährten sich hauptsächlich vegeta-
risch. Sie betrieben Zweifelderwirtschaft: Anbau
und Brache wechselten jährlich. Wie schon die
Menschen der Vorzeit kultivierten sie Emmer,
Hartweizen, Dinkel und Gerste. Daneben baute
man Hülsenfrüchte, Ölsaaten und Gemüse an.
Sie führten eine Gartenkultur mit Obstbaumzucht,
Wein- und Hopfenanbau ein. Aus Italien brachten
sie edle Apfel- und Birnensorten mit.[9] Die Römer
tranken die Milch von Ziegen und Schafen und
hielten Schweine zum Schlachten und Rinder als
Zugtiere. Die damaligen Siedler verschmähten aber
auch ein Stück Wild und Waldfrüchte nicht und
deckten im Wald ihren Holzbedarf.
In der Römerzeit reihten sich entlang des Hachinger Baches die Siedlungen und Höfe wie die Perlen
an einer Schnur. Das heißt, große Teile des bebau-

---

[9] Werner Reindl, 1200 Jahre Gartenkultur im Hachinger Tal, Eigenverlag, Unterhaching 2006

baren Bodens waren gerodet und unter den Pflug genommen worden.

Frühmittelalter

Die Geschichtswissenschaft bezeichnet die Folgeperiode als Frühmittelalter (500-1050). 488 wurde den Romanen in den Provinzen nördlich der Alpen befohlen, in ihre Heimat zurückzukehren.

Nach einer kurzen Zwischenzeit, in der die Ostgoten das Land für den oströmischen Kaiser verwalteten, übernahmen 536 die Frankenkönige die ehemaligen römischen Bezirke.

König Chlodwig (466-511) hatte in Gallien ein kleines Reich geerbt, dass er Stück für Stück vergrößerte und zum mächtigen Frankenreich ausbaute. Er unterwarf die letzte römische Exklave und gliederte nacheinander die Alemannen, die Burgunder, die Westgoten, die Thüringer und die Bayern seinem Herrschaftsbereich ein. Überwiegend aus politischen Opportunitätsgründen hatte er sich mit seinen Getreuen im Jahr 498 taufen lassen.

Ganzkörpertaufe

Zwischen Donau und den Alpen setzten seine Nachfolger Herzöge aus der vornehmen Familie der Agilolfinger ein, unter ihnen 555 Garibald. Aus heidnischen Germanen und wenigen im Land gebliebenen christlichen Romanen entwickelte sich der Stamm der Bajuwaren. Unter ihnen war noch viel germanisch-heidnisches Brauchtum im Schwange, als um 600 die erste Kirche unserer Gegend in Aschheim errichtet wurde. Es bedurfte dann noch den Eifer von irisch-fränkischen Missionaren, um das Christentum dauerhaft zu etablieren. In diesen Zusammenhang gehört auch die Taufkirche St. Johannes in Taufkirchen, die der Freisinger Bischof um 740 (vielleicht noch Bonifatius, dessen hiesige Amtszeit 739 endete) als seine **Eigenkirche** errichten ließ.[10]

In der Bajuwarenzeit (etwa 550-800) änderte sich die Siedlungsstruktur. Die römischen Höfe wurden aufgegeben und an anderer Stelle Felder und Siedlungen angelegt. Erstaunlich schnell entwickelten sich die Dörfer am Bach, die frühzeitig ihre endgültigen Namen Potzham. Bergham, Westerham

---

[10] Dietrich Grund, Kirche und Gemeinde St. Johannes in Taufkirchen, S. 23

und Winning erhielten (Letzteres, weil dort Wenden, also slawische Kriegsgefangene angesiedelt worden waren).

Abb. 170: Bajuwansche Frau mit Tracht und Schmuck des 7. Jh. (Vorlage K. Zeller, Ausführung W. Hölzl).

Bajuwarin mit Tracht und Schmuck des 7. Jh.

Aus der Bajuwarenzeit haben sich im Ortsgebiet zahlreiche Siedlungsspuren erhalten. Besonders entlang der heutigen Hochstraße zwischen dem Hans Kalb und dem Hohenbrunner Weg reihten sich Bauernhof an Bauernhof. Die damaligen Gehöfte hatten immer ein langgestrecktes Haupthaus zur Aufnahme von Wohnbereich, Stall und Vorratskammern. Dazu kamen Nebengebäude wie Schuppen und versenkte, sogenannte Grubenhäuser, die Werkstätten wie Webereien beherbergten. Nachdem in der Landwirtschaft zunächst die Viehwirtschaft eine große Rolle spielte, verstärkte man im 8. Jahrhundert zunehmend den Getreideanbau. Die Bauern bauten die bekannten alten Getreidearten an. Dazu kamen jetzt die aus Wildpflanzen neu gezüchteten Sorten: Hafer und Roggen. Man schätzt die Erträge auf etwa 600 bis 800 kg pro Hektar, das Drei- bis Vierfache der Saatmenge (Zum Vergleich: Der Ernteertrag bei Weizen lag in Deutschland 2019 bei 7.400 kg/ha). Von Hopfen ist erstmals in einer Freisinger Urkunde des 9. Jahrhunderts die Rede. Im Potzhamer Feld gab es einen Hupferweg und ein Feld namens Am Hopfenweg, was auf Hopfenanbau schließen lässt. In Obstgärten standen sicherlich Apfel-, Birnen- und Pflaumenbäume. Auf den Wiesen wurde Heu gemacht für die Winterfütterung. Die Bauern hielten damals die auch heute noch gebräuchlichen Haustiere; die Nutztiere waren allerdings „spätreif und leichtgewichtig"[11].

Diese bajuwarische Siedlung an der Hochstraße ist ein hervorragendes Beispiel für die damals einsetzende verstärkte Erschließung des Landes unter den agilolfischen Herzögen, die auch mit weiteren Rodungen verbunden war.

In unseren Wäldern findet man die wellenförmigen Strukturen der ehemaligen Wölbäcker. Sie sind wohl in jener Zeit entstanden und bezeugen einen vergrößerten Anbauflächenbedarf.

---

[11] Katalog der Ausstellung Die Bajuwaren in Rosenheim und Mattsee 1988

Silvesterkapelle in Überlingen/Bodensee.

War die erste Johanneskirche auch aus Stein?

Bischof Arbeo von Freising (gest. 783) verfasste mit schwärmerischen Worten eine Landesbeschreibung in der es u. A. heißt: „Das Erdreich war fruchtbar und brachte üppige Saaten hervor und der Erdboden schien von Vieh und Herden aller Art bedeckt zu sein."

Im Hachinger Tal wetteiferten der Herzog, der
Adel, Kirchen und Klöster um den Grundbesitz.
806 schenkte Abtbischof Arbeo seinem Kloster
Schäftlarn etliche Höfe (mit den leibeigenen Bauern) in Haching, die er ererbt oder gekauft hatte.
1003 hält Graf Friedrich in Haching seine Schran-
ne ab, auf der er Rechtsfälle entscheidet. Übli-
cherweise fand an Gerichtstagen gleichzeitig ein
Bauernmarkt statt.

Bischof Nithker (res. 1039-52) übertrug die Eigenkirche St. Johannes mit zwei Höfen, der Bachmühle und den leibeigenen Bauern (mancipiis) sowie
dem Zehentrecht (Einzug der zehnten Getreidegar-
be) an das 1020 aus einem Kloster hervorgegange-
ne Chorherrenstift St. Veit in Weihenstephan bei
Freising. Beim Chorherren- oder Kanonikerstift
handelt es sich um eine Gemeinschaft von Welt-
geistlichen. St. Veit (Vitus, gest. 304) fand unter

dem römischen Kaiser Diokletian (gest. 312) den Märtyrertod. 1052 wurde die Übertragung von Kirche und Höfen durch Kaiser Heinrich III. (1116-1156) in einer Urkunde feierlich bestätigt. Was den Zehent betrifft, so wurde dieser 779 von Karl dem Großen (747-814) als Reichsgesetz eingeführt, um die Kirche zu fördern und zu versorgen. Je ein Viertel des Ertrages sollte an den Bischof, den Pfarrer, die Ortskirche und die Armen gehen. Später verpachteten einige Berechtigte den Zehent, um ohne eigenen Aufwand regelmäßige Einnahmen zu erzielen, an „Geschäftsleute", die für sich Anteile „abschöpften".

Für das Jahr 1030 und 1060 ist belegt, dass hintereinander zwei Welfen, Graf Welf III. (gest. 1055) und Graf Welf IV. (um 1035-1101) den Heimgarten in Taufkirchen besaß, außerdem Grund und Boden in Haching (wahrscheinlich ebenfalls in

Taufkirchen). Der Besitz hatte davor dem Kloster Tegernsee gehört. Wie die Welfen ihn erwarben und wieder verloren, ist ungeklärt.

Tegernsee hatte (meist durch Schenkungen) viel Besitz in Haching erworben. Das begann vermutlich schon im 8. Jahrhundert, ohne dass wir darüber Schriftliches besitzen. 1121/26 ist die erste Übertragung dokumentiert: Damals vermachte die Freie Engila dem Kloster ein Gut in Haching zu ihrem und der Angehörigen Seelenheil. Tegernsee besaß schließlich neben kleineren Höfen große Güter in Westerham, Winning und in Potzham, dort den Riedthof/Haimerer und den Püchlhof/ Zellermayr.

Damals entstand neu die Schicht der „Zinser". Grundherren konnten leibeigene „Eigenleute" an ein Kloster geben, wo sie ohne Arbeitspflicht gegen einen Jahreszins versorgt wurden. 1127/47 –

das exakte Datum fehlt – geben der Diener (famulus) Otliub aus Bergham mit Frau und Sohn ihren Knecht Adalpero zu einem Zins von 5 Pfennigen an das Kloster Tegernsee.[12]

Mittelalter

Ende des 13. Jahrhunderts hatten die „Taufkircher" die Dörfer Taufkirchen und Westerham wohl als Tegernseer Lehen erhalten. Sie etablierten hier eine knapp 300-jährige Adelsherrschaft. Das kleine Gebiet erlangte im 15. Jahrhundert rechtlich den Status eines „Dorfgerichtes", d. h., dass die Adelsfamilie hier souverän Recht sprach, nur die Gewaltverbrechen richtete der Herzog oder der Landrichter aus Wolfratshausen. Die Familie erzielte ihre Einnahmen aus den Erträgen ihres Sedelhofes und aus den Abgaben der abhängigen Bauern. Die

---

[12] Karl Hobmair, Hachinger Heimatbuch, Kath. Pfarramt Oberhaching, 1979 (künftig: HH), S. 62

hiesige Taufkirche St. Johannes war lange Zeit
selbstständige Pfarrei, wurde aber im 12. Jahrhundert Filiale von St. Stephan in Oberhaching.

Aus großer Verbundenheit der Familie mit der
Dorfkirche stiftete Georg Taufkircher (urk. 1426-
66, Urenkel von Hilprant) mit seinen Angehörigen
1426 „achzechen Pfund Jahrlicher Gilt" (Pacht-
zins) zur Einrichtung einer „Ewigen Möss". Das
heißt, es sollte in Taufkirchen die Stelle eines Ko-
operators (Kaplans, Frühmessers, Benefiziaten) geschaffen und dazu ein Benefizium oder Widdum
zu seiner Versorgung aus Haus mit Hof und Brunnen und Feldern eingerichtet werden. Für das
Häuschen des Geistlichen wird eine Fläche von einem Tagwerk Größe nördlich des Sedelhofes aus
dessen Grundstück herausgetrennt. Außerdem erhält der Frühmesser 12 ½ Joch Acker, 12 Tagwerk
Wiesen und 2 Joch „Wismadt" (Heuwiese). Das

Geld für den Unterhalt des Benefiziaten stammt
aus den Pachtzahlungen der Bauern aus den Häu-
sern und einem Grundstück in München und den
Höfen der Taufkircher mit den späteren Namen[13]:
- Huber in Potzham
- Kottmühle in Potzham
- Dullveith, Vestl, Schmidkasper, Kolberhube alle
in Bergham
- Rieger in Winning
- Eine Hube, zwei Lehen in Westerham
- Ein Haus in der Schwabinger Gasse
- Ein Haus in der Sendlinger Gasse
- Ein Acker beim Sendlinger Tor.
Die Höfe in Potzham, Bergham und Winning (au-
ßer der Kolberhube) gehören auch 1833 noch zum
Benefizium, also über 400 Jahre lang. Zu dem Im-
mobilienbestand kam 1542 noch die Neudeckmüh-

[13] HH, S. 276

le in der Au in München dazu, während die 3 Anwesen in Westerham anscheinend verkauft wurden.
Das Benefizium bestand aber noch bis im Jahr
1910, als Taufkirchen wieder selbstständige Pfarrei
wurde. Jetzt übernahm man das Vermögen in die
Pfarrpfründestiftung.

Die Kirche Johann Baptist 1593

Die Johanneskirche, seit dem 11. Jahrhundert im Eigentum des Stifts St. Veit in Weihenstephan, erhielt im Laufe der Zeit durch Schenkungen etlichen Besitz an Bauernhöfen. Laut Saalbuch (Besitzverzeichnis) von 1582/1600 erwuchsen ihr aus dem Eigentum aus 12 Höfen Einnahmen von jährlich 21 Gulden. Zum Vergleich: 1560 betrugen die Erlöse nur 8 Gulden. 1765, unter den Jesuiten, war der Ertrag auf 130 Gulden angewachsen. Offenbar hat der Orden die Pachten ziemlich drastisch erhöht, wobei die Inflation natürlich auch gewirkt haben wird.

Pfarrer Karl Hobmair berichtet: „Zum Unterhalt des Pfarrers gehört auch die Kirchtracht, Opfergaben – Brot, Eier und dergleichen – die meist am Kirchweihfest von den Pfarrkindern in die Kirche gebracht wurden (Tracht = das aufgetragene Essen). Auch darüber gab es Differenzen. In Taufkirchen war es ein alter Brauch, dass von der Anzahl der Kirchtrachtleibe der Pfarrer 1/3 und das Stift St. Veit 2/3 erhielt, die der Grunduntertan des Stifts Georg Wagmüller zu Taufkirchen einnahm."

Der Marklhof

Der zentral neben der Kirche gelegene Marklhof, auf dem Georg Wagmüller um 1660 saß, war traditionell der Sitz des Zehentherrn, zu dem alle Abgaben für das Stift zu bringen waren, die dann „der Markl" nach Weihenstephan transportierte.

Das nicht nur drei Höfe, sondern auch die Kirche St. Johannes im 11. Jahrhundert an das Stift St. Veit in Weihenstephan gegeben worden war, hatte man inzwischen weitgehend vergessen, die Kirchtrachtabgabe dorthin hatte sich aber über die Jahrhunderte erhalten, so dass die im Jahr 1664 befragten Zeugen den Brauch bestätigen konnten: Der Schmied Hans Sigl aus Potzham berichtete: Am Kirchweihabend wurden die Kirchtrachtleibe um den Altar getragen und dann geopfert. Der Herr Pfarrer sei vor dem Altar gestanden und habe draufgeschrieben, wer es gebracht und alsdann dem neben ihm stehenden Zehendbauern von St. Veit eingehändigt. Ein anderer Bericht lautet: Andre Rieger von Winning, bei 67 Jahre, sein Vater ist auf dem Gut ein Bauer gewesen. Als kleiner Bub habe er die Leib [in die Kirche] hineingetragen."[14]

---

[14] HH, S. 124

Der Marklbauer hatte noch eine weitere zentrale Aufgabe: Er unterhielt den Gemeindestier. Nachdem die Winninger Bauern 5 Jahre lang nichts für die Besamung ihrer Kühe bezahlt hatten, verklagte der Markl Georg Wagmüller sie im Jahr 1665 vor dem Hofmarksgericht. Wolf Grim von einem Gütl in Taufkirchen sagt als Zeuge aus, dass die Untertanen bis zum ersten Schwedeneinfall im Jahr 1632 ihre Kühe zum Stier beim Markl getrieben hätten und pro Kuh zwei schwarze (bayerische) oder drei weiße (Regensburger) Pfennig zahlen mussten. Weil aber der bischöfliche Zehend an einen Fremden verpachtet worden sei, habe man dem Markl nichts mehr gezahlt. Hans Seidl von einem Lehen in Bergham berichtete, er habe „vor dem ersten Schweden" immer den Kühzins an den Markl gezahlt. Jedes Jahr zum „Johannis Baptisttag" sei nach Mittag mit den Glocken ein Zeichen gegeben worden, worauf die Bauern im Haus des Markl erschienen seien, um zu bezahlen.[15]

Das Kloster Tegernsee war im Mittelalter der größte Grundbesitzer im Hachinger Tal. Zwei der größten Höfe lagen in Potzham. In dem ersten vollständig erhaltenen Besitzverzeichnis (Urbar) des Klosters aus 1289 findet sich für die Höfe und ihre Abgabenlast diese lateinische Beschreibung: „Pozhaim due curie solvent terciam manipulum, II porcos varentes, IIII solidos, CC ova, VIII pullos, IIII anseres". Das bedeutet: „Potzham (hat) zwei Höfe, sie zahlen die Dritte Garbe (ein Drittel des Getreides), 2 starke Schweine, 4 Schilling, 100 Eier, 8 Hühner, 4 Gänse". Tegernsee hatte in Potzham auch noch zwei Huben (Hube = „halber Hof") und ein Lehen („Viertelhof").

---

[15] HH, S. 476/477

Die Abgabenlast lag wohl im üblichen Rahmen. Beim Getreidezins ist aber zu beachten, dass damals der Ernteertrag bei ungünstigem Wetter oft nur beim Dreifachen der Saatmenge lag und der Bauer ein Drittel des Ertrages als Saatgetreide lagern musste, sodass ihm und seiner Familie lediglich ein Drittel zum Sattwerden blieb.

Die Abtei besaß 1289 auch einen großen Hof in Winning. In Westerham gebot das Kloster über den späteren Limmerhof und den kleineren Hof des Pertholus. Im Besitzverzeichnis zum Limmer heißt es: „Westerhaim Churadus dabit III modios siguli, XV avene, porcum val. XLV den. Pullum et ora".

„Der Westerhamer Hof gibt 3 Scheffel Korn, 15 (Scheffel) Hafer, 1 kräftiges Schwein, 45 Dinare, Hühner und Eier."

1436 ist im Urbar zu lesen: Hof und Hueb hat Eberl Rasp, er dient mit dem Drittteil vom Hof.

1461 beträgt die Verpflichtung: ein Drittel des Getreides, 1 Gans, 4 Hühner, 100 Eier.

Um 1500 wird neben den Lieferpflichten auch die Besitzgröße bezeichnet: „Westerhaym Hof und Hueb hat 152 Jeuch (od. Joch = im MA 500 m²), 1 Jeuch Garten, 1 Gartel bey Sandt Johannis Garten, 11 Tagwerk (TW = 3407 m²) Anger, 23 Tagwerk Wys, dient mit dem Drittel (vom Getreide), 1 Lammb, 4 pull, 100 air (Eier), Weinlon Steur (Ersatz für Scharwerksleistung[16]) 1 lb dn bayrn (bayerisches Pfund Pfennige), 2 galua (je 370 l) habern, Etal (Abgabe ans Kloster Ettal) 1 Scheffel habern, 20 dn (Dinare) ".

1570 ist dann Johann Limmer auf dem Hof, der nachhaltige Namensgeber! Um 1600 heißt der

---

[16] Ursprünglich bestand die Pflicht, Südtiroler Wein, der von Mittenwald aus per Isar-Floß transportiert wurde, (vielleicht in Tölz) abzuholen und nach Tegernsee zu bringen.

Bauer W. Lindtmair. Er bezahlt ab jetzt die Pacht nur noch mit Geld: 34 fl (Gulden) Weinlohn, 34,5 fl Maisteuer, 34,5 fl Herbststeuer.

Das Gut Pötting, welches etwas abgesetzt vom Dorf liegt, hat dagegen eine andere Geschichte. Der Name Pötting, früher hieß er Petting, verrät, dass der Hof im frühen Mittelalter, etwa im 9. Jahrhundert, entstand und dass der Name an den Gründer Petto und seine Familie erinnert. Es gibt aus der Frühzeit keine Urkunden zu dem Anwesen. Aber man weiß, dass von dem Gut im 12. Jahrhundert eine Hube, der spätere Hacklhof, abgetrennt und dem Kloster Weihenstephan bei Freising vermacht wurde. Das Gut erscheint 1147 erstmals in schriftlicher Form in einem Dokument des Klosters Tegernsee als "Predium Pettingin".

Im 16. Jahrhundert ist die Hube anscheinend in Privathand gelangt. In einer Urkunde ist zu lesen, dass 1505 Agnes, die Frau des Peter Pritls von Perkam, einen Anteil an dem Hof verkauft; 1516 tut dies ebenso Agnes, Paulsens Witwe von Petting, und 1520 W. Stumpf und Andere.[17] 1206 war ein Laienbruder namens Eppo Eigentümer des großen Hofes, der damals Brunnenhof, später Wölflhof genannt wurde. Eppo schenkte ihn dem Kloster Diessen am Ammersee.

Im 14. Jahrhundert gibt das Kloster das Gut an die Taufkirchener Adelsfamilie als Lehen. 1394 ist Adlheit (urk. 1349) die Besitzerin, die Schwester des bekannten Hilprant Taufkircher. Das Lehen war verbunden mit der Aufgabe des Vogtes, d.h. Adlheit vertrat das Kloster in Rechtsgeschäften. Ein römischer Erlass aus dem Jahr 401 bestimmte nämlich, dass Klöster irdische Angelegenheiten nicht selbst betreiben durften. Eine Frau als Vogt

---

[17] HStA, Gerichtsurkunden Wolfratshausen zit. laut Nachlass Hobmair

dürfte ziemlich ungewöhnlich sein. Ihre Ernennung spricht für die gute Reputation selbst der weiblichen Taufkircher in der einheimischen Adelsgesellschaft!

Adlheit erhielt von ihrem leibeigenen Bauern, der den Hof bewirtschafte, Abgaben, die sie der Krankenstation („den Siechen") des Angerklosters auf dem Gasteig in München vermachte. Die 60 Pfennige, die sie vom Kloster jährlich für ihre Vogt-Tätigkeit erhielt, spendete sie der St. Georgskirche, die zum Gut gehörte. Die Gutskirche taucht hier bei dieser Schenkung das erste und einziges Mal auf; der genaue Standort und wie lange sie bestand, ist unbekannt.

1652 besitzt Georg Schöfftlmayr den Wölflhof. Es heißt, Georg habe einen Neubau erstellt bestehend aus: Holzhaus mit Strohdach, Stadel, Ross- und Kuhstall, Backofen, Brunnen und Wagenschuppen.

Der Hausgarten umfasst ein Tagwerk; dort gibt es Sauerkirch- und andere Obstbäume.[18] 1889 kaufte der Landwirt Gustav Baader vom Wölflhof den Hacklhof dazu, sodass die lange Trennung beendet wurde. 1920 ließ die Familie das Holzhaus abreißen und durch das jetzige Gebäude ersetzen.

Zur Landwirtschaft gehörten die Mühlen. Im Mittelalter (und bis ins 20. Jahrhundert hinein) nutzten viele Mühlen die Wasserkraft des Hachinger Bachs (Das die Römer dies schon getan hatten, war in Vergessenheit geraten).

Von 1200 bis 1340 stieg die Zahl der Einwohner im späteren Deutschland schätzungsweise von 8 auf 14 Millionen. Möglich wurde dies durch Fortschritte in der Landwirtschaft. Es war die Dreifelderwirtschaft eingeführt worden mit dem regelmäßigen Wechsel von Wintergetreide, Sommergetrei-

---

[18]HH, S. 507

de und Brache, während zuvor Anbau und Brache jährlich wechselten. Dadurch konnte der Getreideanbau maßgeblich gesteigert werden. Es entstanden jetzt an Flüssen und Bächen viele neue Anlagen. Dafür wurden ab dem 12. Jahrhundert rechtliche Regelungen erforderlich: die Mühlenordnungen. Dabei kam der Mühlenzwang auf: Der Grundherr achtete darauf, dass die Bauern ihr Getreide nur in seiner Mühle mahlen ließen. Auch wurde der „Müllerlohn" festgelegt: er durfte für seine Arbeit in Bayern 1/32 des Mehls behalten. Der Freisinger Bischof Nithker (res. 1039-52) gab, wie erwähnt, seine Eigenkirche St. Johannes an das ihm unterstehende Stift St. Veit in Weihenstephan einschließlich zweier Höfe und einer Mühle. Die **Bachmühle**, die älteste Taufkirchner Anlage, wurde sinnvollerweise an der Stelle errichtet, wo der Hachinger Bach seine größte Durchflussmenge hat.

1888 erwarb Georg Ferstl (1863-1904) das Anwesen von Peter Schaberl. (Die Namen der vielen weiteren Vorbesitzer sind nicht überliefert.) Der gleichnamige Sohn erbte die Mühle. Er betrieb sie bis 1969 und legte sie dann aus wirtschaftlichen Gründen still. Vor seinem Tod 1975 überschrieb er das Anwesen an seine Tochter Franziska, das sie bis zum Lebensende pflegte und bewohnte.

In einem herzoglichen Urbar von 1280 wird in Potzham die Hube eines faber (Handwerker) erwähnt. Der Handwerker könnte nach Josef Sturm ein Müller und die Hube die spätere **Kottmühle** gewesen sei.[19] 1426 ist die Mühle im Eigentum der hiesigen Adelsfamilie. Georg Taufkircher vermacht sie mit anderen Dotationen zum Seelenheil der Familie an die Kirche St. Johannes. Die Mühle bleibt bis zur Säkularisation im Besitz der Ortskir-

---

[19] Josef Sturm, Die Rodungen in den Forsten um München, Sauerländers Verlag, Frankfurt/Main 1941

che. 1694 sind Andreas und Maria Kottmüller die Betreiber und Namengeber. Seit 1869 tragen die Eigentümer den Familiennamen Sutner; Teres und Johann Sutner heirateten in jenem Jahr.

Der Abt Heinrich von Tegernsee belehnt im Jahr 1285 den Ulrich von Ascholding mit der **Anger-mühle** in Taufkirchen, wobei es richtig Winning heißen müsste, denn dort stand der große Anger-müllerhof, der noch um 1800 dem Kloster Tegern-see gehörte. Erstaunlicherweise trieb dort der klei-ne Entenbach die Wassermühle.

Die ersten bekannten Müller und Namengeber der **Mangmühle** waren um 1690 Franz und Barbara Mang. Die Mangmühle, kurz oberhalb der Kott-mühle gelegen, wird im Besitzbuch der Taufkir-cher von 1544 anlässlich ihres „Wegzuges" nach Großhöhenrain erstmals erwähnt. 1563 ist dann aber „Kilian Mulner von Pozheim" der Eigentü-

mer. Er und seine Frau Margarete verkaufen das
Anwesen an Georg Langen und seine Frau Anna
aus Höhenkirchen.

1632 wurde die Mühle von schwedischen Söldnern
niedergebrannt. Wann der Wiederaufbau erfolgte
ist nicht überliefert. 1671 wird sie wieder zum Besitz der Hofmark gezählt. Die Namen der Müller
sind ab 1717 vollständig überliefert. Seit 1917 waren Josef und Ursula Leserer und ihre Nachkom-
men Eigentümer der Mühle, die jedoch inzwischen
wegen fehlender Rentabilität abgetragen wurde.

Die erste Erwähnung der **Sixtmühle** stammt aus
dem Jahr 1465, damals heißt es, dass der Müller
neben der „Pacht" jährlich 30 Pfund Öl für das
„ewige Licht" in St. Johannes liefern muss. Die
Mühle wurde 1892 durch einen Neubau ersetzt und
mit einem Sägewerk ergänzt. Der Müller Eduard
Stumpf erwarb die stromabwärts liegende Zaun-

mühle dazu und erhielt 1911 die behördliche Er-
laubnis, die Sohle des Baches zwischen den Mahl-
stätten zu vertiefen, sodass sich für seinen Betrieb
die für den Hachinger Bach einmalige Fallhöhe
von 2,50 m ergab. In der Sixtmühle wurde bis
1956 Getreide gemahlen. 1997 wurde auch „die
Saag" stillgelegt.

Die ehemalige Zaunmühle

Otto Taufkircher, Bruder des Hilprant Taufkircher, ist 1465 Eigentümer der **Zaunmühle** in Westerham. Die Mühle gehört demnach zur Hofmark. Der Müller muss 12 Pfund Öl für die Ortskirche liefern. Otto bestimmt zudem, dass der Pfarrer von Oberhaching jährlich ½ Gulden, 100 Eier, 6 Hühner und 2 Gänse vom Müller erhält. Dafür sollen der Pfarrer und sein hiesiger Kooperator am Vorabend des „Weißen Sonntags" und am folgenden Montag Vigil, Seelenamt und Seelenmesse halten. 1467 schlichtet das Landgericht einen Streit, der entstanden war, weil der Mühlenpächter fahrlässig oder versehentlich Wasser auf die Felder der Nachbarn geleitet hatte.

Neuzeit

In etlichen Teilen Süddeutschlands erhoben sich 1525 im Deutschen Bauernkrieg die Leibeigenen gegen ihre Herren. Es kam zu Plünderungen und

Brandschatzungen. Gegen gut bewaffnete Söldner-
heere hatten die Aufständischen keine Chance,
Tausende verloren ihr Leben. Im Mai 1525 fielen
Allgäuer bei Peißenberg in bayerisches Gebiet ein
und wurden von ortsansässigen Bauern verjagt.
Die Aufstandsbewegung fand also in Bayern keinen Anklang. Als Hauptgrund für die Zurückhal-
tung wird angeführt, dass die Landwirte in Bayern
die Möglichkeit hatten bei Streitfällen gegen die
Grundherren vor ein herzogliches Gericht zu zie-
hen. Während des Dreißigjährigen Krieges kam es
1633/1634 in Niederbayern zu vereinzelten Auf-
ständen, die sich an den Bedrückungen durch die
ausländische und inländische Soldateska und die
landesherrlichen Frondienste entzündeten.
Taufkirchen wechselte 1544 den Besitzer, es wurde herzoglich. Die ansässige Adelsfamilie übernahm im Tausch und gegen Aufpreis von Herzog

Wilhelm IV. (res. 1516-1545) die größere Hofmark
Großhöhenrain bei Aibling. Zur Übergabe seines
hiesigen Besitzes an den Herzog verfasste das Fa-
milienoberhaupt, Georg Taufkircher II. (1509-
1580), eine lange, sehr genaue Auflistung seines
Eigentums und der Einkünfte, ein Saalbuch. Es
gibt uns den ersten Überblick über die Eigentums-
verhältnisse und einen tiefen, wenn auch indirek-
ten, Einblick in die dörfliche Soziologie.

Das Dokument beginnt damit, dass Georg und seine Frau Brigitte erklären, ihren Besitz dem Herzog
übergeben zu wollen. Weiter unten danken sie ihrem Herrn, dass er Taufkirchen mit Westerham
vom „Dorfgericht" zur Hofmark erhoben habe. Bei
der folgenden Aufzählung der Bauernhöfe zeigt
sich, dass es sich hierorts nicht um eine „geschlos-
sene Hofmark" handelte. Es gab hier auch fremde
Eigentümer, andererseits waren die Taufkircher

auch Herren von Höfen in Potzham und von je einem Anwesen in Unterhaching und Engelwarting,
im Waldgebiet bei Brunnthal, gewesen.

Unabhängig vom Eigentümer der Höfe mussten die
Bauern in der Hofmark „ungemessenes Scharwerk" leisten, d. h. der Hofmarksherr bestimmte,
wie viel Hand- und Spanndienste die Untertanen
zu verrichten hatten. Ausgenommen vom Scharwerk waren der Kaplan, der Mesner und der Dorf-
hirte. Der aufgeklärte Pfarrer in Oberhaching (res.
1785-1799) und spätere Hochschullehrer, Politiker
und Publizist Joseph Socher (1755-1834), bemän-
gelte diese Dienstverpflichtung mit den Worten:
„Die Naturalscharwerke sind dem Untertanen zur
größten Last; er ist niemals seiner Zeit, seiner
Dienstleute, seiner Arbeit sicher; die Grundherren
entgegen können auf keine Art schlechter bedient
werden, wie es allgemein bekannt ist, als durch

Scharwerksarbeit." [20] Der Umfang der geforderten Leistungen wurde um 1800 reduziert und 1848 das Scharwerk ganz abgeschafft.

In Taufkirchen gab es fünf Sölden (nach der Hof-fuß-Einteilung 1/8-Höfe), die im Privatbesitz der Kleinbauern waren. Sie mussten aber wie die anderen „Stift" bezahlen („eine Geldabgabe, die jährlich zur Stiftszeit, d. h. um Michaeli an den Grundherrn zu leisten war"[21]). Die Stiftzahlung betrug meistens 12 Pfund Pfennige, konnte aber bei größeren Betrieben auch bis zu 28 Pf. Pfg. lauten (1 Pf. Pfg. = 1 Gulden = 8 Schilling = 240 Pfg.). Die Höfe waren durchwegs zu „Freistift" verpachtet, d. h. der Eigentümer konnte jährlich bzw. nach mehreren Jahren entscheiden, ob der leibeigene Pächter den Hof behalten durfte oder nicht. Die

---

[20] HH, S. 424
[21] Reinhard Riepl, Wörterbuch zur Familien- und Heimatforschung […], Waldkraiburg 2004

größeren Betriebe hatten außer der Stift auch jährlich 100 Eier als Naturalabgabe (Gült) zu liefern. Karl Hobmair schreibt im Hachinger Heimatbuch Etliches über die Neuverpachtungen durch die Pröbste, die örtlichen Vertreter des Klosters Tegernsee. 1528 ergeht vom Ordenshaus „Ain Aufzeichnung und Anweysung wie man des Gotzhaus (in Tegernsee; die Kirche steht hier fürs Kloster) Hintersässen in jedlichem Ampt[22] stifften sold. So man ainen stiften will (einen Hof vergeben), sol man vor betrachten, ob er ain gueter Pawrman sey und das Guet vermug zu pawen. Item die Pröbst sullen fleys fürkern, damit die Guetter … zu ainem pillichen Zins verstifft werden, das dy Pawleyt nit beschwerdt werden.“

Die Pächter zahlen die Stift und leisten die Gült, also Naturallieferungen. „Es wär dann, das also ain

---

[22] Das Kloster Tegernsee hatte seinen Besitz zur Verwaltung in „Ämter“ aufgeteilt

großer Schawr wär, so sol die halb Gült ab sein" In dem in Tegernsee gedruckten Formular zur Verpachtung, das z. B. Abt Quirin IV. (reg. 1700-1715) verwendete, ist von dieser Kulanz nicht mehr die Rede!

Die zwei großen Güter in Potzham (Hinterhof und Püchelhof, im Namen steckt Bichel = Hügel), hatten von Anfang an und bis ins 15. Jahrhundert dem Kloster Tegernsee gehört. 1436 heißt es dann aber in einem Urbar (Besitzverzeichnis) des Klosters: „Den Püchelhof hat der Taufkircher"[23]. Georg Taufkircher hatte 1431-1466 das einträgliche Amt des Klosterrichters in Tegernsee innegehabt. Offenbar gelang es ihm den Püchelhof für die Familie zu erwerben. Vom Hinterhof dagegen heißt es, er sei den Taufkirchern vom Kloster zum Lehen gegeben worden. Die „Pächter" der beiden Höfe

---

[23]HH, S. 441

schuldeten jährlich dem Adelshaus 100 Eier, 6 Hühner, 2 Gänse, 11 Schaff (Scheffel = 222 Liter = ca. 150 kg) verschiedener Getreidearten, ferner Stiftgeld 12, Weihnachtsgeld 24 und 2 Pfund Pfennige „Wisgüllt" (Pacht für Wiesen) dazu Scharwerk.

Zum Herrenhaus der Taufkircher gehörte als Wirtschaftsbetrieb der Sedelhof („Schredlhof"). Gegen Ende des 15. Jahrhunderts wurde der Betrieb zweigeteilt und verpachtet. 1544 hieß der offensichtliche Namensgeber des westlichen Hofes Anthre Kögl. Dem Pächter obliegt die zusätzliche Aufgabe, den „Hofbau" zu betreiben d.h. die Bewirtschaftung separater Gründe der Taufkircher. Im Wesentlichen sind die Verpflichtungen der beiden Pächter gegen die Hofmarksherren die gleichen wie die der Güter in Potzham.

Dazu kamen aber noch viele Zusatzleistungen. Sie mussten den großen Obstgarten im Schlossanger nördlich der Kirche bewirtschaften, den Hofanger im Heimgartenfeld einzäunen und dort Heu machen. Außerdem Getreide zum Herrensitz oder mitsamt dem „Hausgesind" zum Markt nach München transportieren, dazu dreimal im Jahr Holz aus Sauerlach oder Hofolding abholen und auf fünf Äckern Flachs für die Adeligen anbauen. Es fällt auf, dass Pferde und Rinder nicht mit Abgaben belegt waren. Das ist vielleicht ein Zeichen dafür, dass damals bei beiden kein Überschuss über den Eigenbedarf der Höfe hinaus erzielt wurde.

Die Hofmark umfasste 1544 siebzehn Höfe. Dazu kamen die bereits erwähnten ludeigenen (freien) Sölden, die auf den nassen Flächen westlich des Entenbaches am Beginn des heutigen Hohenbrunner Weges angesiedelt worden waren. Jenseits des

Baches setzte sich die Reihe der Sölden fort; sie gehörten zu Bergham. In einer davon befand sich eine Schmiede.

Die Hofmark umfasste Waldparzellen im Umfang von ca. 140 Tagwerk. In Engelwarting besaßen die Taufkircher offenbar ein großes Waldareal als Lehen (vom Kloster Tegernsee?). Dort stand ein Häuschen (mit Darre) für den Aufseher. Die Hofmarksherren durften im Wald jährlich Holz schlagen im Wert von 40 bis 50 Gulden.

Etwa 30 Bauern aus Haching, Brunnthal, Höhenkirchen und Siegertsbrunn machten im dortigen „Holz" ihr Winterheu, wofür 52 Gulden „Gebühr" aufzubringen war. Engelwarting wird später als Schwaige (Viehhof) bezeichnet und als Eigentum der Hofmark. Somit vergrößert sich der Waldbesitz von 140 auf rund 340 Tagwerk.

Wie gesagt, war der Herzog seit 1544 Eigentümer der Hofmark. 1560 überließ Herzog Albrecht V. (res. 1550-1579) diese seinem Kanzler Dr. Simon Egckh (1514-1574) und zwar wohl bis zu dessen Ableben: „den Gebrauch und die Nutzung des Sizs und der Baumgärten, des Fischwassers, der Hofmarkshändel und Strafen (Strafgelder)". Simon Egckh war Stiefbruder von Johannes Egckh (1486-1543), der mit Martin Luther die berühmte Disputation ausgetragen hatte. In dem Überlassungsvertrag, den der Jurist Egckh selbst aufgesetzt hatte, ist festgelegt, dass er über die Stift der Untertanen frei verfügen kann. Aus der Gült stehen im zu 8 Scheffel Korn, 16 Scheffel Hafer, 4 Fuder Heu, außerdem Holz zum Bauen und Heizen. An das Kastenamt (Finanzbehörde) hat er Getreide, Heu und Techlgeld (Gebühr für die Schweinemast im Forst) abzugeben. Im Vertrag wird Egckh als Verwalter der Hofmark bezeichnet. Aber er tritt auch als Richter auf. Verwaltung und Rechtsprechung waren damals noch eine Einheit.

1563 siegelt Dr. Simon Egckh „alls der Zeitten Verwalters der Hofmarch Taufkhirchen" den Vertrag mit dem „Kilian Mulner von Potzhaim" und seine Frau Margarethe die Mangmühle an den „beschaiden Georgen Lanngen von Hohenkhirchen" und seine Ehefrau Anna verkaufen. Kilian Mulner war offenbar einer der wenigen Freien! Die Mühle hatte keinen Obereigentümer, der Müller war kein Leibeigener!

Der nachfolgende Herzog Wilhelm V. (res. 1579-1597) übergab die Hofmark Taufkirchen 1592 an den Jesuitenorden. Er vergrößerte sie dabei erheblich und gab der Societas Jesu (SJ) alle grundherrschaftlichen und die Gerichtsrechte, sodass der Orden dann über 75 Hofstellen darunter 33 Kleinhäusler und drei Hirtenhäuser in allen zukünftigen Ortsteilen Taufkirchens (außer Pötting) verfügen konnte.

Die Jesuiten legten 1596 bzw. 1602 Listen der Bauern der Hofmark an, die sie wohl unterschiedslos als Leibeigene ansahen. Im Bayerischen Landrecht von 1616 wurde der Status der Leibeigenen verbessert und in etwa so definiert: Sie sind bei Gericht klagefähig, auch steuer- und wehrpflichtig, weitgehend geschäftsfähig und müssen den jährlichen Leibzins (in Taufkirchen 4 Pfg.) bezahlen. Der Erbe muss beim Tod des Bauern 5 % des Vermögens als „Todfall" an den Hofmarksherren entrichten.

Die Bauern konnten aber im 17. Jahrhundert die Hofübergabe recht selbstständig regeln. So wird berichtet, dass Sebald Schöfftlmair am 18.3.1633 den Sedelhof (Schredlhof) an seinen Sohn Hans übergibt. Dem Austragsbauer werden folgende Leistungen verbrieft: täglich „die Kost am Tisch", jährlich 2 Metzen Weizen, 3 Metzen Korn, 1 Metzen Gerste, 2 Ellen Loden, 2 Paar Schuhe, 1 harbers (aus Flachs) Hemmet und 8 Pfund Schmalz. Dazu von Lichtmess[24] bis Jakobi wöchentlich 6 Eier, danach 3 Eier, von Georgi bis Michael 1 Maß Milch, dann ½ Maß. Dazu heißt es; „So oft der Vater gern sonderbar was essen wollte, so soll es ihm des Hansens Hausfrau zu kochen nicht verweigern." Der Stuhl in der Kirche soll dem Austragler verbleiben. - Es galt ja in Bayern das Anerbenrecht. Der älteste Sohn übernahm den Hof und musste das Heiratsgut an die Geschwister auszahlen.[25]

---

[24] Lichtmess: 2. Februar, Jakobi: 25. Juli, Georgi: 23. April, Michaeli: 29. September
[25] HH, S. 474

Die SJ hatte erreicht, dass ihr das Fischrecht im Bach von der Quelle bis zur Grenze zu Unterhaching zustand, das bisher nur im Bereich des Hofangers bestanden hatte. In dem Besitzverzeichnis des Ordens folgen jetzt, penibel aufgelistet, auf vielen Seiten die alten und die neu dazugekommenen Abgabenpflichten der Bauern.

Die Jesuiten stellten 1738 für die Schmiede in Bergham einen „Ehaftbrief" (Gewerbezulassung) aus, der so beginnt: „Zuwissen demnach samentl. Dorfs Gemaindten der Hofmarch Taufkirchen benamtlich Perkamb, Pötting, Pozhamb, Taufkirchen, Westerhamb und Windling die zu Perkamb befindte Schmidten, welche mit dem Eigentumb St. Joannis Bapt. et Evangelisten Gotteshauß zu Taufkirchen grundbar ..."[26] Die Schmiede war demnach von den Jesuiten der Dorfkirche für deren Unter-

---

[26] Nachlass Hobmair

halt übereignet worden. Die wichtige Einrichtung gehörte wie das Wirtshaus und die Mühlen zu den privilegierten Ehaftbetrieben. Einmal eingerichtet, mussten die Untertanen sie ausschließlich nutzen. 1613 entstand eine Beschreibung des jesuitischen „Widenhofs" in Potzham und seiner Grundstücke.[27] Darin heißt es zu dem Anwesen: „Ain aingredigs hülzenes Paurnhaus, ainen daran gehangtem Stadl mit zween Thorn und ainem freiständigen Stallung auch fünpf Roß, zwainzig Rinder Vichs. Am Hauß hervornen auf der Gassen herauß ain Redo (Das Wort ist ein Hinweis auf die „Geruchsemission") Schwainstall. Neben der Hausthür ain neugrabener Prunnen mit ainem Aimer. Item im Hoph ain Pachouven (Backofen). Auf der rechten Seitte ain klainer Kasten. Hindten an occi [dental] (westlich) ain kleiner gartten bei … (?) Joch

---

[27] HStA, Kl Fasc. 1045/96 Nr. 227

pferen (?) mässigen Podens, noudig (notleidend) und schier nichts tragent."

Dann folgt die Aufzählung der einzelnen Felder, wobei zur Orientierung jeweils die Besitzer der Nachbarfelder angegeben werden. Sie beginnt mit dem Gewann, wo in jenem Jahr Sommergetreide angebaut wurde. Hier der Anfang: „Klaich vorm Dorpf hinaus ain großer Ackher, bey 2 Mitteres Joch haltendt, sain 27 Pifang (Feldstreifen aus 4 Fluggängen), stoßt gegen Aufgang (Osten) an Espihel (Esch = Flur, Bichel = Hügel), Niedergang (Westen) an Wolf Märckhel Zu Taufkhürchen, Meri[dian] (Süden) Geörg Herman Zu Pozhaimb und Mittern. an Geörgen Frimmers alda Gartten"

Im 17. Jahrhundert entwickelte sich dann Leid und Tod in dem schrecklichen Dreißigjährigen Krieg (1618-48). Der Rektor des Jesuitenkollegs in München berichtete, dass nach den durchlittenen

Kriegsgräuel und der Pest in der Hofmark Taufkirchen nur noch 12 bis 15 „Hauswesen" übriggeblieben seien.

1648 konnten die Bauern endlich wieder aufatmen und den Wiederaufbau beginnen. Am 13. Dezember 1649 verfassten die „Unterthänig, Gehorsambisten Nachbarschafften von Perlach, Haching" und 6 weitere Gemeinden eine Bittschrift an Kurfürst Maximilian I. (1623-1651) wegen der Schäden durch das herrschaftliche Wild und klagen: „… so müssen wir aber leider täglich mit weinendem Auge ansehen, dass sowol das Rotte als schwarzes Wildbret auf die Saamen gehen, selbigen vertretten, abfressen, ganz umbwirlen und und nit allein unsere angelegte harte Mühe und Arbeit, sondern auch dem unserem Maul ersparten Saamen verheeren und verderben thuet". Der Perlacher Eschhay (Feldhüter) sagte als Zeuge aus, dass fast

täglich aus der Perlacher Heide und dem Grünwalder Forst 500 Stück Wild in die Saatfelder einfal-
len würden. Der Wolfratshauser Pflegsverwalter,
der sich mit der Sache befasste, hatte Verständnis
für die Nöte der Bauern und sagte den baldigen
Beginn der Zaunarbeiten zu. Die Perlacher Bauern
gaben an, dass sie wohl 1070 „Steckhen" (Pfosten-
hölzer) benötigen würden. Dazu kam der doppelt
so hohe Bedarf an „Pandtnöst" (Bindeäste, übli-
cherweise aus Fichtenzweigen).[28]

In jener Zeit war das Bild der Dörfer stark geprägt
durch den Anblick zahlreicher hölzerner Zäune. Es
heißt dazu: „Drei wesentliche Aufgaben lassen sich
aus den Schriftquellen erkennen: Einerseits ging es
um die Markierung öffentlicher Ansprüche und
Rechtstitel, wie der bis zur Dorfgrenze reichenden
Gerichtsbarkeit (so genannte „Bannzäune"); zum

---

[28] G. Mooseder, A. Hackenberg (Hg.), 1200 Jahre Perlach, München 1990, S. 357 ff.

anderen war die Trennung von privatem und öf-
fentlichem Bereich eine wichtige Aufgabe: also
Einfriedung des zum Haus gehörenden Grundes
(„Hofzäune") sowie die Vermarkung von Straßen,
Wegen und Viehtrieben; und schließlich hatten die
„Feld- und Flurzäune" die bebauten und unbebau-
ten Flächen voneinander zu trennen sowie Felder
und Mähwiesen vor dem Wild bzw. dem weiden-
den Vieh zu schützen."[29] Es gab eine abgezäunte
„Hertgasse", durch welche die drei Dorfhirten das
Vieh zur nächtlichen Weide in den (damals noch
ungeteilten) Grünwalder Forst trieben.

Das Abteiamt des Klosters St. Klara in München
lieferte 1641 diese „Bauanleitung": „Die Wis-
mader und Traidtfelder macht man unterschiedlich
ein als mit Zäunen von Zaunstecken nah beisamen.
Die flicht man mit Weiden und Görden (Gerten)

---

[29] Zäune und Tore aus Bayerischer Handwerkstag e. V. (Hg) München 2003, S. 20

ein. So fangt mans auch mit einem Gehag (Ge-
büsch) ein, sonderlich wo es nachend bei Hölzern
(Wäldern) ist und wo viel Gesteidt (Staudenwerk)
ist. Da machen die Bauern weit voneinander
schlechte Stecken und flechten das stehend Ge-
streis (Buschwerk) und Gestaidt darein, schneidens
oben ab, daß denoch wachsen kann oder sie nehmen abgehachtes Gestreißwerch und flechtens in
die Stecken.“[30]

Zaun aus „Steckhen" und „Pandtnöst"

---

[30] Kloster St. Klara in München in Nachlass Hobmair

1701 lassen die Jesuiten durch ihren Amtmann einen Teil der Zäune in Potzham kontrollieren. Ziel ist es, die Landwirte an die Pflicht zu erinnern, die Zäune und die Zauntore (sogen. Ester) bei ihren Grundstücken instand zu halten.

Der Amtmann und vier Bauern visitieren zunächst Zäune westlich des Baches. Dann beginnen sie erneut am Südrand des Dorfes in Potzham am Eschbichlester.

Sie stellen die Besitzer der östlich des Weges anliegenden Felder und die Längen der Zaunabschnitte in Fuß fest. Der Weg führt genau nach Süden zum Wald. Er bildet die Grenze zwischen dem Oberhachinger und dem Potzhamer Feld oder Gewann. Es gab nördlich davon noch das Berghamer Feld. Diese Felder oder Gewanne unterschied man im Zuge der Dreifelderwirtschaft.

.

Die Dreiteilung gab es in jedem Dorf. Alle Bauern
waren gehalten, einheitlich auf jeweils einem Gewann im Frühjahr „Sommergetreide", auf einem
im Herbst „Wintergetreide" zu sähen und das dritte
Gewann unbebaut zu lassen oder als Viehweide zu
nutzen.

Falltor

Ausgenommen von dieser verpflichtenden Regelung waren gemeinschaftlich genutzte Viehweiden
und Änger wie beispielsweise der Schlossanger
und der Hofanger des Ortsadels.

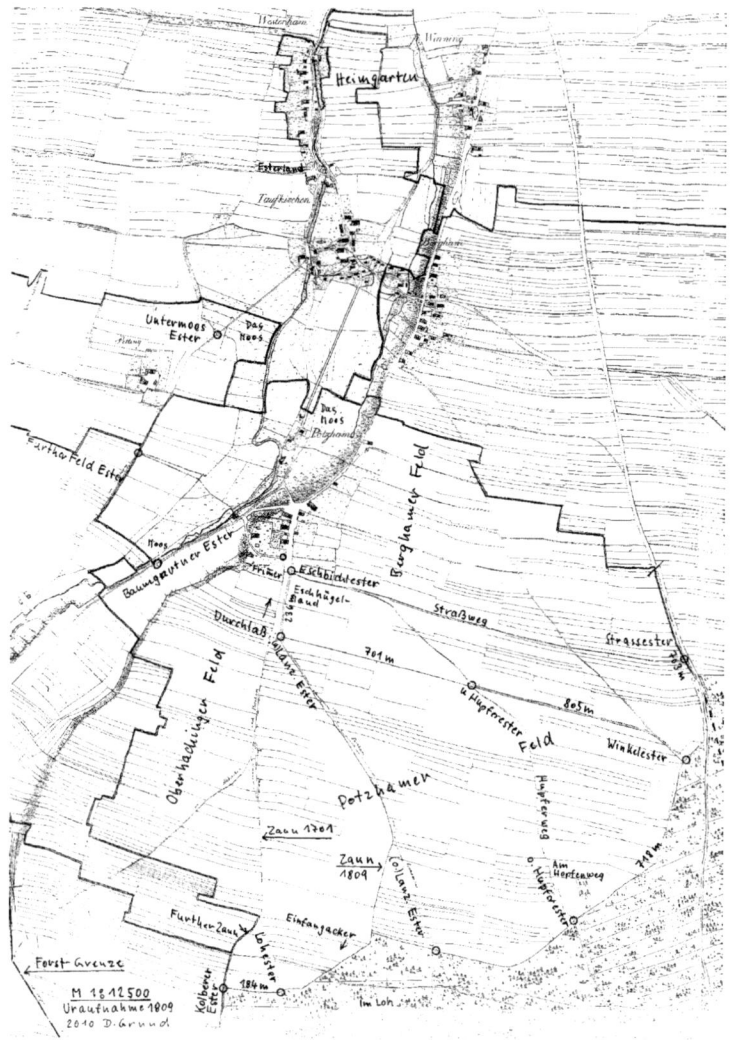

Zahlreiche Zauntore (Falltore) am Waldrand

Anhand des Planes der Erstvermessung Taufkir-

chens, die 1809 erfolgte, und mit den aufsummierten Teillängen, kann man den Kontrollweg der damaligen Kommission im Bereich von Potzham (nicht bei Pötting) genau verfolgen. Zunächst ging es südwärts. Am Waldrand, dort am Kolbererester angekommen, ging man am Wildzaun entlang nach Nordosten. Man passierte dabei das Lohester (bei dem Waldbezirk „Im Loh") und das Lanzenhaarer Ester (am Lanzenhaarer Weg, der teilweise heute noch existiert); außerdem das obere Hupfenester (am Hupfenweg; dort gab es wohl Hopfenanbau) und das Winkelester. Danach traf man am Strassester auf die Tegernseer Landstraße. Dieser folgten die Männer noch etwa 350 m weit und beendeten hier, wo Potzham an Bergham grenzt, ihre Visitation.

Das Landgericht Wolfratshausen erlässt 1671 ein Steuerbuch, das auch die Steuerpflichtigen der Hofmark Taufkirchen umfasst. Darin werden die

Bauern nicht mehr als leibeigen oder frei unterschieden. Das Leibeigenschaftsbuch des Klosters Schäftlarn zählt jedoch 1715 noch den Söldner Simon Springer in diese Kategorie. Dem Priester Wolf Baldhuber aus Westerham wird 1717 „aus Gnade die Leibeigenschaft geschenkt (erlassen worden)".[31] Das königliches Gesetz vom 13.5.1808 hob diesen Personenstand endlich entschädigungslos auf.

In Taufkirchen kann man sich in einem Kleinanwesen noch eine Vorstellung von der bäuerlichen Lebensweise im 18. Jahrhundert machen: im Wolfschneiderhof. Es heißt, die „Wolfschneider" seien erstmals 1720 amtlich verzeichnet worden. Wörtlich: „Kleine Landwirte, Söldner waren es. Solange man zurückdenken kann, ruhte auch noch der Dienst des Mesners und Gemeindedieners auf dem

---

[31] HH, S. 419

Anwesen [32]." Im Häuserverzeichnis 1812 des Hachinger Heimatbuches ist die Sölde unter Hausnummer 11 eingetragen mit einem Grundbesitz von 7,35 Tagwerk (1859: 22,75 TW).

Der Wolfschneiderhof

August Koch berichtete: „Zu allen Zeiten bis heute hat es immer Leute, viele Leute in der dürftigen

---

[32] Wolfschneiderhof in Taufkirchen, Lkr. München, Taufkirchen 2015

Heimat gegeben, bei denen nicht selten der Schmalhans Küchenmeister und Lungenschwind- sucht, Marasmus (Kräfteverfall) und Krebs Beglei- ter zum Grabe waren."

1858/59 heißt es: „dass der junge Johann Seidl vom Wolfschneiderhof als Gemeindediener und Nachtwächter eine jährliche Vergütung von 57 Gulden 30 Heller erhalten habe. Dazu kamen noch 6 Gulden für das Holzhacken für die Schule."

Zum Haus: „Wie vielfach in Oberbayern üblich war das Gebäude … ein sogenannter Einfirsthof in Ost-West-Richtung gänzlich in Holzblockbauweise errichtet. Wobei das ursprünglich mit Holzschin- deln gedeckte Dach nach Süden flacher ist, um dadurch die Sonneneinstrahlung zu erhöhen und die Schneeschmelze zu fördern, während das Dach nach Norden steil abfiel, um dadurch das Abrut- schen des Schnees zu ermöglichen. 1923 wurde ein

Grundstücksstreifen … verkauft, um mit dem Erlös den Stall gemauert neu zu erstellen und auf der Westseite einen gemauerten Querbau nach Süden zu errichten, die sogenannte Remise, deren gemauerter Teil ursprünglich auch als Stall genutzt wurde".[33] Die letzte Bewohnerin, Anna Seidl, starb 1982. Danach erwarb die Gemeinde Taufkirchen das Anwesen, ließ es sanieren und richtete dort ein Museum ein.

19. Jahrhundert

1773 hob der Pabst den Jesuitenorden auf und die Hofmark fiel an den Landesherrn zurück. Kurfürst Karl Theodor (1724-99) gründete 1781 einen neuen Zweig des Malteserordens, der aber nur 17 Jahre lang Bestand hatte. Hauptzweck der Gründung

---

[33] Gemeinde Taufkirchen (Hg.), Museumsführer für das Heimatmuseum im Wolfschneiderhof, Taufkirchen 2015

war die Versorgung seines unehelichen Lieblings-
sohnes Karl August und anderer Adelssprosse.

Die Hofmark Taufkirchen wurde zur Komturei erklärt. Als Komtur setzte der Ordensrat witziger-
weise den Grafen Joseph von Taufkirchen ein. Er
war daneben Domdekan und Probst des St. Andre-
as-Stiftes in Freising. Ihm flossen jetzt die Pachten
zu, die zuvor die Jesuiten eingenommen hatten,
sodass sich für die hiesigen Bauern also nichts änderte. Aktivitäten für Taufkirchen sind von dem
Grafen kaum bekannt, vielleicht hat er den Ort
auch nie besucht. Der zölibatär lebende Kleriker
starb 1805; er hinterließ ein Geldvermögen von
rund 21.000 Gulden.

Als der bayerische Malteser-Ordenszweig 1808 li-
quidiert und sein Besitz säkularisiert wurde, fielen
die Bauernhöfe an den Staat. Damals sind hier alle
Höfe mit Ausnahme der Kleinbauernstellen im Ei-

gentum von Klöstern oder Ortskirchen gewesen! Der Besitz der Ortskirche St. Johannes und des Benefiziums blieb, wie generell in Bayern, unangetastet. Zur Zerschlagung des Malteserbesitzes richtete die mittlerweile königlich gewordene Regierung eine „Zentraladministration" ein, die bis 1814 arbeitete.

Kurfürst Max III. Joseph (1745-77) hatte im Geist der Aufklärung 1759 die Bayerische Akademie der Wissenschaften gegründet. Dies war ein Vorbote für die Modernisierung Bayerns. Ab jetzt durfte die Kirche nicht mehr so viel Platz in Staat und Gesellschaft beanspruchen. Durch Erlass von 1772 wurden 20 Feiertage abgeschafft. Der Nachfolger, Kurfürst Karl Theodor von der Pfalz (1724-99), begann als aufgeklärte Herrscher schon mit der Modernisierung von Militär- und Verwaltungswesen.

1799 trat Max IV. Joseph (1756-1825) die Herrschaft an. Er verschaffte zusammen mit seinem „Superminister" Graf Max von Montgelas (1759-1838) Bayern eine Revolution von oben. Ab 1802 wurden die Klöster verstaatlicht. Auch zahlreiche Fürstbistümer und bisher unabhängige Städte fielen an Bayern. Der Staatsaufbau wurde grundlegend modernisiert, feste Ministerien geschaffen, unabhängige Beamtenschaft, Gleichheit vor dem Gesetz und vor der Steuerbehörde und Religionsfreiheit gewährt, Landesvermessung, Kataster- und Gemeindeeinteilung durchgeführt.

1802 verordnete die Regierung die allgemeine Schulpflicht. Karl Hobmair zieht allerdings für das Jahr 1823 die ernüchternde Bilanz, dass nach 20 Jahren das Interesse an der Schule in der Bevölkerung noch nicht sonderlich groß gewesen sei, da die Kinder in erster Linie als Arbeitskräfte auf den

Höfen gesehen würden. Meistens unterrichtet der schlecht bezahlte und ausgebildete Schullehrer und Mesner die Kinder in seiner Wohnung. 1804 kommen lediglich 20 Kinder zum Unterricht, 1824 sind es 57 und 1880 dann 104. 1825 heißt es: „Taufkirchen hat ein neugebautes Schulzimmer, nur etwas feucht und finster." Es dauerte etwa 50 Jahre bis 90% der Kinder in Bayern tatsächlich die Schule besuchten.[34] 1864 wird in Taufkirchen endlich ein separates Schulhaus erstellt.

---

[34] Bay. Staatsministerium. für Kultur, Lehrerinfo, Juni 2006, S. 6

Historisches Schulhaus mit Feuerwache

Die Revolution von 1918/19 schaffte gegen erbitterten Widerstand der katholischen Kirche dauerhaft die geistliche Schulaufsicht ab. Die NS-Politik ab 1933 legte großen Wert auf die Erziehung der Jugend, wobei aber die Beeinflussung der Kinder in der Naziideologie im Vordergrund stand. 1939 gibt es in Taufkirchen 74 Schulkinder. In Taufkirchen gibt es eine ländliche Berufsschule, die aber

lediglich 4 Schüler aus dem Dorf hatte. 5 Schüle-
rinnen besuchen die hauswirtschaftliche Berufsschule in Unterhaching. 1804 war neben einem
Musterbetrieb die erste vorbildliche Landwirt-
schaftsschule in Weihenstephan eröffnet worden,
um die Berufsbildung der Landwirte zu verbessern.
Weil der Waldzustand um 1800 bedauerlich
schlecht war, verbot die Regierung zahlreiche Nut-
zungen im Grünwalder Forst wie die Waldweide
und die Eichelmast der Schweine, dafür erhielten
die Landwirte große Waldparzellen im Osten zuge-
teilt. 1816 sorgte Dauerregen für eine Missernte.
Die Hungersnot führte zu einem verstärkten Anbau
der Kartoffel in Südbayern. Aus Mittelfranken
heißt es in einem „Anschreibbuch“: "Weil aber daß
Getreyd 1817te Jahr so wenig gewachsen ist und
die Erdbirn wohl gerathen sind, so sind die Erdbirn
häufig in das Mehl gemenget worden und wurde

Gutes Brod davon gebacken." In ganz Bayern hat man der Kartoffel wegen derer großen Bedeutung Denkmäler gebaut. Das älteste davon steht in Würzburg auf dem Galgenberg und wurde bereits 1737 von Professor Philipp Ulrich errichtet.[35]

Im 19. Jahrhundert stand es noch schlecht um die medizinische Versorgung der Landbevölkerung. Wie Karl Hobmair berichtet, suchte man leichte Erkrankungen mit Tees und Hausrezepten zu kurieren. Wenn´s schlimmer wurde, schickte man zum Bader nach Unterhaching. Schließlich wandte man sich Gebet und „Verschreibungen" an die Schutzheiligen. 1854 suchte als letzte große Epidemie die Cholera München und Umgebung heim. In Taufkirchen starben sechs Menschen an der Krankheit.

---

[35] Bay. Min. für ELF, Agentur für Lebensmittel, Bayerische Kartoffel

Bauern konnten seit 1808 grundsätzlich ihre Höfe vom Grundherrn erwerben; die vorgesehenen Bedingungen waren aber so ungünstig, dass dies zunächst nur wenige realisierten. 1848 hieß dann aber die bessere Regelung: Die jährlichen Abgaben an Getreide in Geldwert, der Zehent und ein Anteil der Gebühr bei der Hofübergabe (Laudemium, Handlohn) werden aufsummiert und können vom Bauern durch Bezahlung des 18fachen dieses Betrages abgelöst werden. Die Bedingungen hat man später weiter erleichtert und gleichzeitig verpflichtend eingeführt. Die Landwirte wurden dadurch freie Unternehmer mit allen Chancen und Risiken. Viele der danach im Oberland errichteten stolzen Höfe kann man heute noch bewundern. Als nach der Reichseinigung der Berliner Reichstag begann, wichtige Gesetze für ganz Deutschland zu erlassen, bildeten die bayerischen Bauern zeitgemäße Inte-

ressenvertretungen wie den Bayerischen Bauern-
bund und den Bayerischen Bauernverein.

Oskar Martin-Amorbach, Der Sämann 1937

1880 gründeten die wohlhabenden Bauern Taufkirchens mit großem wirtschaftlichem Erfolg eine
der ersten Genossenschaftsbrennereinen in Bayern.

Außerdem verdienten vier Landwirte mit separaten Destillationen am Verkauf von Schnaps. Der Kartoffelanbau verdrängte infolgedessen großflächig die Getreidesaat. Zur Arbeitserleichterung entstand ein Dreschmaschinenverein, der den Bauern reihum seine Dienste anbot.

1899 eröffnete man die Bahnlinie von München-Ostbahnhof nach Deisenhofen. In Taufkirchen entstand der Personen- und Güterbahnhof für den Ort und Unterhaching. Die Bauern konnten jetzt Waren mit dem modernen Transportsystem in die Stadt schicken.

20. Jahrhundert

Die Bevölkerung nahm in Bayern von 3,2 Millionen im Jahr 1818 auf 6 Millionen 1910 zu, d. h. fast um 100 %. Die Dreifelderwirtschaft wurde durch das Fruchtfolgesystem ersetzt, Kartoffeln, Mais und Zuckerrüben angebaut und die Viehzucht verbessert. Bis zum Ersten Weltkrieg hatte die Landwirtschaft zwar dadurch auch die Erträge gesteigert aber lediglich um 50 %, wobei der Anteil der in Land- und Forstwirtschaft Tätigen von 80 auf 40 % abnahm. Aufgrund der großen Nachfrageerhöhung konnten die Betriebe höhere Preise für ihre Produkte erzielen.

August Koch, der in Bergham aufwuchs, berichtet dagegen eindrucksvoll, dass die Kleinbauern dort um 1900 noch sehr altertümlich wirtschafteten und bei schlechtem Sommerwetter leicht in große Not geraten konnten. Sie trieben nach wie vor ihre Pferde nachts zur Weide in den Wald und gewannen Streu als Zusatzdünger[36].

Koch schrieb zum Entwicklungsstand des Ackerbaus: „Alle größeren und mittleren Grundbesitzer haben sich die technischen Erfindungen und Ver-

---

[36] August Koch, Kulturbilder aus dem Hachinger Tale […], München 1911, Reprint 1985

vollkommnungen der landwirtschaftlichen Maschinen und Geräte nutzbar gemacht. Die Maschine recht, wendet und mäht. Die verbesserten Pflüge und Eggen bearbeiten den Boden, dass er mürbe wird wie Asche. Die elektrischen Kraftmotore dreschen das Getreide, pumpen das Wasser, schneiden das Futter und pumpen die Jauche aus den Gruben. Die Verdrängung der Dampfkraft ist eine sukzessiv fortschreitende; der Elektrizität gehört die Zukunft."

Anfang des 20. Jahrhunderts begannen die Landwirte die Erträge durch den Einsatz von Industriedünger zu verbessern. Der Wissenschaftler Fritz Haber und der Industrielle Carl Bosch entwickelten ein Verfahren zur Ammoniak-Synthese als Grundlage für die Erzeugung von Stickstoffdünger. Die Ammoniakproduktion in Deutschland stieg von 100 Kilotonnen 1918 auf 1000 Kilotonnen im

Jahr 1940 (wobei allerdings die Sprengstoffgewinnung eingeschlossen ist). 2012 wurden in Deutschland 3 Millionen Tonnen Industriedünger eingesetzt.

Die Zeitschrift Schönere Heimat veröffentlichte vor etlichen Jahren einen Bericht über Sitten und Gebräuche in Taufkirchen um 1908. Darin ist u. A. das Folgende zu lesen:

Zum Tagesablauf: 5 Uhr Frühstück, 8 Uhr Vesperbrot, 11 Uhr Mittagessen, 3 Uhr Vesperbrot, halb 7 Uhr Abendessen. Beim Essen sind Familie und Dienstboten getrennt. Für letztere spricht der Oberknecht das Tischgebet und nimmt zuerst von den Speisen, hernach spricht die Obermagd das Gebet. Am Familientisch nimmt der Vater zuerst und dann die übrigen. An Sommerabenden geht der Hausherr vielfach ins Gasthaus, die Frauen und Mägde stricken zuhause. Im Winter sitzt das ganze

Hauspersonal in der warmen Stube, es wird Zeitung gelesen, Karten gespielt und Bier getrunken.

Jetzt gilt´s!

Zu den Kirchenfesten: An Nikolaus und an Weihnachten werden die Kinder beschenkt, Sylvester wird mit Tanz im Wirtshaus gefeiert. An Dreikönig holt man in der Kirche das Dreikönigswasser, das ein Schutz gegen Gewitter sein soll. An Lichtmess bekommen die Mägde Wachsmodel zur Beleuchtung ihrer Stuben von der Hausfrau geschenkt. An Karsamstag war in der Kirche Wasserweihe und Osterfeuer, in jedes Haus wurde eine geweihte Kohle hiervon in den Herd gelegt. Sie sollte gegen Feuergefahr schützen. Am Ostermorgen lässt man Fleisch, Brot und gefärbte Eier weihen.

An Fronleichnam werden Kränzchen aus Feldblumen in die Kirche getragen und nachher zuhause verbrannt. An Allerseelen gibt der Göd oder die Gon den Patenkindern einen Seelenwecken, an Ostern Eier. An Sonntagsabenden gehen die Knechte aus und die Frauen hie und da in den Hoagascht (Heimgarten).

Am Erntefest Angang Oktober hält der Pfarrer ein feierliches Dankamt. Am 24. Juli hielt man in Taufkirchen zu Ehren des Kirchenpatrons noch bis zum Ersten Weltkrieg Johannidult mit Festessen in den Bauernfamilien.

Groß und Klein beteiligen sich am Flurumgang am Freitag nach Christi Himmelfahrt (Schauerfreitag) und betet um gutes Erntewetter. Wallfahrten und Bittgänge gehörten zum bäuerlichen Leben. Von Taufkirchen aus ging man an bestimmten Tagen unter Gebet und Gesang nach Hofolding, nach Siegertsbrunn, nach Andechs und auch nach Endelhausen. Im dortigen Mirakelbuch sind folgende Taufkirchner und ihre Gebetserhörungen aus dem Ende des 18. Jahrhundert verzeichnet: Maria Hupfauerin wegen arger Kreuzschmerzen, die Anna Schwarzhuberin wegen der roten Ruhr ihres Sohnes Laurenz, Elisabeth Pergerin infolge von Schmerzen am Arm, Gregor Fischhauser wegen schwerer Krankheit und der Müller Georg Widmann weil sein Kind erkrankte.

In der Zeitschrift Schönere Heimat wird folgender Rechtsbrauch berichtet: In der Dorfmitte von Taufkirchen versammelten sich die Bewohner unter einer Linde (Schwörerbaum), um Streitigkeiten zu schlichten und die erzielten Kompromisse zu beschwören.[37]

In den Jahren 1914-1918 tobte der schreckliche Erste Weltkrieg. Nach zwei Jahren verschlechterte sich die Lebensmittelversorgung. Die Ernte des Grundnahrungsmittels Kartoffel ging wegen der Kraut- und Knollenfäule um 25 % zurück. Viele Männer (und auch Zugtiere) waren im Kriegseinsatz und fehlten auf den Höfen.

Auf den langen Transportwegen zu den Fronten gingen große Mengen an Nahrungsmitteln wegen schlechter Lagerung, Diebstahl und Unterschleif verloren. Der verregnete Herbst 1916 führte zu

---

[37] Torsten Gebhard, Zur Volkskunde im Hachinger Tal, Schönere Heimat 1988, Heft 1, S. 278 ff

großen Ausfällen bei der Kartoffelernte. Stechrüben (Dotschen) wurden daher im Winter das verbreitetste Nahrungsmittel. Es kam in München zu ersten Hungerrevolten.

Um die Versorgung der Bevölkerung zu verbessern, führte der Staat die Zwangsbewirtschaftung ein. Es wurden nach und nach für alle Nahrungsmittel Höchstpreise festgesetzt und rigide Kontrollen eingeführt. Damit entfiel die Preisfindung entsprechend Angebot und Nachfrage.

Die Versuchung der Landwirte wurde nun groß, die Lebensmittel auf dem schwarzen Markt zu verkaufen. Die Preiskontrollen wurden in Bayern erst 1924 ganz aufgegeben - und 1939 im ganzen Reich wieder eingeführt.

Max Eschle, Hamsterin, München um 1941

Man schätzt, dass in Deutschland während des Weltkrieges etwa 800.000 Menschen an Unterernährung gestorben sind. 1918 erhob sich in der Bevölkerung eine große Verbitterung wegen der nicht enden wollenden Bedrückungen. Man beschuldigte König Ludwig III. die Milch seines

Großbetriebes in Leutstetten im Würmtal ins Preu-
ßische zu verschieben. Soldaten und Arbeiter riefen im November die Revolution aus und riefen
den Freistaat aus der Taufe. Auf dem Land bildete
sich fast in jedem Dorf ein Bauernrat, um im neuen
Freistaat mitzubestimmen. In Unterhaching gab es
zunächst einen bäuerlich bestimmten Arbeiter- und
Bauernrat, der von einem Rat verdrängt wurde, in
dem Sozialisten verschiedener Couleur das Sagen
hatten. Die Dorfrevolutionäre setzten sich für kurze Zeit an die Stelle von Gemeinderat und Bürgermeister. Am 1. Mai 1919 fielen zwei Freikorps
ins Dorf ein. Die verhetzten Uniformträger ergrif-
fen vier Revolutionäre und liquidierten sie kurzer-
hand. Diese Vorgänge und die erste politische Ge-
walttat dieser Art verursachten verständlicherweise
große Aufregung im Hachinger Tal. Die bäuerliche
Bevölkerung mochte aber nicht mit den Revolutio-

nären und goutierte eher die ungesetzliche Er-
schießung der vier unglücklichen Unterhachinger.

In den Tagen zuvor hatten sich Gerüchte wie Lauf-
feuer im Hachinger Tal verbreitet, wonach in jedem Dorf die prominenten Bürger von den Roten
Garden als Geisel genommen werden sollten. Aus
Angst vor den Roten bildeten daher 40 wackere
Kriegsveteranen in Taufkirchen eine Einwohner-
wehr, die nach der Niederschlagung der Rätere-
publik aber keine rechte Aufgabe hatte und sich im
Folgejahr selbst wieder auflöste.

Der verlorene Krieg hinterließ Deutschland große
finanzielle Probleme durch Reparationszahlungen,
die Rückvergütung der Kriegsanleihen, die Strei-
kunterstützung und Steuerausfälle im besetzten
Ruhrgebiet usw. Die Reichsregierung regierte
durch die Ausgabe von riesigen Mengen ungedeck-
ten Geldes, dass durch die folgende Superinflation

völlig entwertet wurde. Wegen steigender Lebensmittelpreise gerieten viele Lohnempfänger in große Not. Alle Schuldner angefangen von der Regierung bis zu Bürgern und Bauern profitierten dagegen von der Geldentwertung. Auch für die Landwirtschaft waren die Preissteigerungen von Vorteil.

Die Währungsreformen 1923 und 1924 beendeten vorderhand den ungesunden Zustand der Wirtschaft. Politisch waren die Zwanzigerjahre geprägt durch große Verwerfungen, die ihren Höhepunkt 1923 in Hitlers dilettantischem, gescheitetem Putschversuch hatten.

Nach Stabilisierungen kam es aber auf dem Agrarsektor zu massiven Problemen. Zunächst sanken wegen preiswerter Importe aus den USA bei uns die Getreidepreise so stark, so dass etliche Höfe teure Kredite in Anspruch nehmen mussten oder gar zwangsversteigert wurden. Im Zuge der Weltwirtschaftskrise entwickelte sich dazu eine große Arbeitslosigkeit. Die Lebensmittelnachfrage ging rapide zurück, sodass die Preise stark absackten.

Bürgermeister Prenn aus Unterhaching berichtete in einem Brief an das Arbeitsamt München, dass es im Dezember 1930 in der Gemeinde 20 Erwerbslose gegeben habe und sich deren Zahl bis 1932 auf „107 anerkannte und 12 nicht anerkannte" (bereits „ausgesteuerte") Arbeitslose erhöht hatte. Die Gemeinde musste für sie die Sozialhilfe aufbringen, sodass ein Fehlbetrag von 62.000 Mark in der Kasse entstand.

Als die knappe Arbeitslosenunterstützung auch noch gekürzt wurde, protestierten rund 400 Erwerbslose in der Turnhalle in Unterhaching mit lauten Sprechchören wie: „Hunger – Arbeit – Brot" und bedrohten den Rathauschef. Einige von ihnen setzten ihren Protest in Taufkirchen fort, worauf ein Überfallkommando der Polizei anrückte und etliche Protestierer festnahm.

In ganz Deutschland gab es im März 1933 6,3 Millionen Erwerbslose, die Geldzahlungen erhielten und 1,5 Millionen Menschen, die keinen Anspruch auf Arbeitslosenunterstützung hatten, zusammen also 7,8 Millionen Arbeitslose. Nach zahlreichen Regierungskrisen ernannte Reichspräsident Paul von Hindenburg (1847-1934) im Januar 1933 Adolf Hitler (1889-1945), den „Führer" der NSDAP, zum Reichskanzler. Durch kreditfinanzierte Bauprojekte wie dem Autobahnbau gelang es der neuen Führung in den Folgejahren erstaunlich schnell, die Arbeitslosigkeit abzubauen. (Für die eilig begonnene Autobahntrasse München-Salzburg mussten hiesige Landwirte Waldgrundstücke abgeben.) In Taufkirchen fand die Einwohnerschaft großen Gefallen an dem neuen Politikansatz. Bei der Reichstagswahl im März 1933 kam „die Partei" hier auf 55,8 % der Stimmen. Ein Beispiel für die neue „Tonlage" im Dorf gibt die Einladung des Vorsitzenden des Männergesangvereins und späteren Bürgermeisters Hans Bücherl zum Deutschen Liedertag am 24.7.1935: „Das Deutsche Lied … soll auch in unserer Gemeinde ein wichtiger Kulturfaktor sein. Durch das Lied wollen wir den deutschen Gedanken festigen …und nach dem Willen unseres Führers Adolf Hitler die stolzeste Verteidigung des deutschen Volkes mit übernehmen durch die deutsche Kunst. Auch wir deutschen Sänger stehen im Aufbruch. Wir marschieren und mit uns zieht die neue Zeit …"

In der 1920 entstandenen NSDAP gab es von Anfang an viel Sympathie für die Bauern, den „Nährstand" (und Skepsis gegenüber städtischen Lebens-

formen). Das Parteiprogramm forderte eine Boden-
reform, Absenkung des Bodenzinses und Verhin-
derung jeder Bodenspekulation. Basis der Agrarpolitik wurde die „Grund und Boden-Ideologie", die
die bäuerliche Lebensform idealisierte.

Ludwig Hohlwein, Ausstellungsplakat 1937

Feste mit Bezug zur Landwirtschaft wie Sommer-
sonnenwende und Erntedank wurden groß gefeiert.
Beispielsweise fand am 22./23. Juni 1935 die NS-
Sonnwendfeier für Unterhaching und Taufkirchen
mit Sportwettkämpfen und Umzug statt. Der Zug
der Vereine und NS-Organisationen endete unter
Marschmusik mit einer abendlichen Feier auf einer
Festwiese in Winning.

Die NS-Ideologie hatte zur Folge, dass Handarbeit
gefördert und die Mechanisierung vernachlässigt
wurde. Alle Höfe wurden zwangsweise in den
„Reichsnährstand" eingegliedert. Dessen Haupt-
aufgabe war die Lenkung von Produktion, Vertrieb
und die Preisfestlegung für Nahrungsmittel. Der
Bauernführer wurde eine wichtige Kontrollinstanz
in jedem Dorf. Schon 1933, im Jahr der „Machter-
greifung" erließ die Reichsregierung zur Förderung

der mittelständischen Landwirtschaft das Erbhof-
gesetz. Vorrausetzung für den Eintrag in die Erb-
hofrolle war, dass mit dem Hof eine Familie er-
nährt werden konnte. Im hiesigen Bezirk wurde die
Mindestgröße mit 11 Hektar angesetzt. Der Inte-
ressent durfte nicht vorbestraft sein und musste
seine fachliche Eignung nachweisen. Höfe mit Flächen über 125 Hektar wurden ausgeschlossen.
Die Erbteilung und neue Kreditaufnahmen wurden
für diese Höfe untersagt, die Böden zu „unveräu-
ßerlichen Gründen" erklärt. Der Staat half mit,
vorhandene Kredit, die zu hohen Zinsen ausgege-
ben worden waren, mit günstigerem Zins umzu-
schulden. Bis 1939 waren von den 3,2 Millionen
deutschen Betrieben rund 700.000 (22 %) zu Erb-
höfen erklärt worden. In Taufkirchen gab es damals laut einem Bericht an die Gauleitung 27 dieser privilegierten Hofstellen. Auf Betreiben von

Ortsbauernführer Simon Riedmeir und Bürgermeister Hans Bücherl wurde in Taufkirchen aus einem Hof, der mit Wald 60 TW umfasst hatte, fünf Erbhöfe gebildet und an Kleinbauern verteilt. Die vielen Eingriffe in die Unternehmerfreiheit der Bauern wie die Anbau- und Haltungsvorschriften und die Höchstpreispolitik verärgerten allerdings bald manche Landwirte.

Ab Oktober 1943 litt die Bevölkerung Taufkirchens, als Nachbarn der Großstadt München, unter Überflügen feindlicher Bomber. 162mal wurde Alarm gegeben und die Menschen flohen in ihre Keller. Etliche Bomben fielen im Ortsbereich, mehrere Flugzeuge stürzen ab. Verschiedene Gebäude wurden beschädigt oder zerstört. Mehr als ein Duzend Einwohner und ausländische Flugzeuginsassen kamen zu Tode.

Der 1939 von Deutschland provozierte Weltkrieg erschwerte natürlich auf vielfache Weise die landwirtschaftliche Produktion. Es heißt aber: „Mit der straffen Organisation der Ernährungswirtschaft … konnte bis Kriegsende eine Mindestversorgung aufrechterhalten werden."[38] Dies war sicher aber auch den Zwangsarbeitern zu verdanken, die z. B. ab 1940 in Taufkirchen auf den Bauernhöfen eingesetzt waren. 60 französische Kriegsgefangene übernachteten damals in der Turnhalle bei der Kirche. Dazu kamen einige Polen und Jugoslawen.

Nachkriegsmoderne

Das Ende des Krieges brachte eine äußerst schmerzhafte Lebensmittelnot. Bis Ende 1947 waren 1,8 Millionen Flüchtlinge nach Bayern ge-

---

[38] Historisches Lexikon Bayerns, Landwirtschaft (19./20. Jahrhundert), S. 11

strömt, die miternährt und in den Bauernhöfen mit aufgenommen werden mussten.

Wegen des Wegfalls der Ostgebiete betrug die Erntemenge in Deutschland nur noch die Hälfte des bisherigen Durchschnittsertrages. Während die Menschen 1936 etwa 3100 kcal an Essbarem konsumierten, mussten sie sich 1946 mit 1560 kcal begnügen. Pfarrer Max Weidenauer berichtete im Seelsorgebericht an den Bischof: „Die caritative Tätigkeit hat sich seit Mai [19]45 gleichsam automatisch entwickelt. Für die durchreisenden Heimkehrer wurden … eine Unmenge von Nachlagern zur Verfügung gestellt, dazu mindestens 2.000 ganztägige Speisungen. An 20 Bedürftige wurden 416 RM verteilt, ungefähr 600 einzelne Kleidungsstücke an durchziehende Soldaten verschenkt …"

Der Pfarrer beklagt aber gleichzeitig: „Die Struktur der Pfarrei hat durch die Kriegs- und Nachkriegs-

verhältnisse eine große Veränderung zum schlech-
teren gefunden." Und schon im Bericht für 1948:
„Keineswegs zur Verbesserung trägt bei, die un-
glaubliche Vergnügungssucht … Flüchtlingsaus-
schuss, Arbeiterwohlfahrt, freier Burschenverein,
Gesangsvereine, die Wirte veranstalten alle Au-
genblicke Samstagsbälle, was der Erfüllung der
Sonntagspflicht und anderer religiöser Gebote äußerst abträglich ist."

In der Landwirtschaft gab es noch viele Kleinbe-
triebe. Der Rentner Josef Bauer, der mit zahlreichen Geschwistern auf einem Hof auf dem fränki-
schen Jura in der Oberpfalz aufwuchs, berichtete
mir aus den 1950er Jahren das Folgende.

Seine Eltern wirtschafteten mit 3 ha Wiese, 9 ha
Acker und 3 ha Wald. Der Viehbestand setzte sich
zusammen aus 2 Zugochsen, 3 oder 4 Melkkühen
(Milchleistung 5-6 l/d), dazu Fersen und Kälbern.

Es gab eine Zuchtsau, 2 bis 3 Schlachtschweine, 4 bis 5 mittlere Schweine und etliche Ferkel. Man hielt Hühner und Gänse und hatte natürlich Katzen und einen Hund.

Die wachsende Familie 1943

Im Winter ging man zum „Holzmachen". Der Vater fällte Bäume. Die Ochsen zogen diese geschickt aus dem Wald, der sich gänzlich in schwieriger

Hanglage befand. Ganz mit Beil und Handsäge wurden die Bäume zu Brennholz zerkleinert. Aufgabe der Kinder war im Winter das Flechten von Strohbändern für die Getreideernte. Wenn gegen Winterende das Heu knapp wurde, hat man Stroh ins Viehfutter gemischt. Wenn auch das Stroh für die Einstreu im Stall zur Neige ging, mussten die Kinder Fichtennadeln und dürres Gras aus dem Wald holen.

Sobald im Frühjahr das Gras wuchs, konnte man es auf der dorfnahen Wiese ernten. Aus einer nahen Quelle bewässerte der Vater im Hochsommer über ein Rohr und kleine Gräben die Grasflächen.

Die Ackerflächen lagen ungünstigerweise auf einer Anhöhe oberhalb des Waldes, was einen Anmarschweg von einer halben Stunde und mit dem Ochsengespann auf den Schotterwegen von 60 Minuten bedeutete, das mehrmals täglich zu bewälti-

gen war.

Getreideernte

Im Sommer standen die Eltern um 4:30 Uhr auf

(im Winter um 6 Uhr). Der Vater holte Klee vom

Feld. Die Mutter hatte - unterstützt von einer un-
verheirateten Verwandten - viel Arbeit mit Feuer-
machen, Melken, Füttern, Entmisten, Versorgung
der „Wickelkinder" und Frühstück bereiten. Die
langen Haare der Mädchen musste sie mit den
zerbrechlichen Kämmen sorgfältig pflegen (not-
falls Läuse bekämpfen). Und das alles bei fast jährlichen Schwangerschaften während 12 Jahren.

Der Schüler Josef war täglich ab 7:30 Uhr als
Messdiener in der Kirche und um 8 Uhr in der
Dorfschule, die er von 1948 bis 1954 besuchte.
Wegen der viele Kinder gab es für die kleineren
und die größeren getrennten „Schichtunterricht", in
den letzten Jahren bei abnehmenden Geburtenzah-
len aber Unterricht für alle in einer Klasse mit immer noch 50 bis 60 Schülern.

Im Frühjahr wurden von den Kindern Rüben und
Kartoffeln in „Wällen" („Büfflingen") angepflanzt.

Die Reihen mussten dann wöchentlich vom „Unkraut" befreit werden. Man säte die üblichen Getreidesorten, die dann von Ende Juli bis Anfang September zu ernten waren, während in Mai und Juni die Heuernte anstand. Es gab damals oft verregnete Sommer, so dass die Familie jedes Jahr um genügende Wintervorräte bangen musste.

Der Vater schnitt das Korn mit der Sense und Mutter und Kinder banden die Garben und setzten je fünf davon zum Trocknen zusammen. Bei viel Regen konnte es nötig sei, die Garben zu lösen, einzeln zu trocknen und erneut zu binden.

Zum Dreschen hatte die Gemeinde eine dampfgetriebene Maschine angeschafft. Sie kam reihum bis in den Dezember hinein zum Einsatz. Wenn die Familie spät an der Reihe war, konnte man auf eine „Hexe", die die Körner vom Stroh löste, und eine „Windmühle", welche „die Spreu vom Weizen trennte", zurückgreifen. Diese Geräte wurden über ein sinnreiches Gestänge angetrieben, das von den beiden im Kreis gehenden Ochsen seinen Schub erhielt. Die Wassermühle des Dorfes besorgte das Mahlen des Getreides.

Der weitgehend autarke „Familienbetrieb" konnte ein wenig Geld verdienen mit dem Verkauf von etwas Butter, einigen Eiern, Gänsefedern und gelegentlich einem Schwein oder einer Kuh. Mit Speck und Eiern bezahlte die Mutter Altkleider für die Kinder.

Die vom Prof. Ludwig Erhard, dem späteren Bundeskanzler, durchgesetzte Währungsreform des Jahres 1948, die verbunden war mit der Einführung der Marktwirtschaft und der Abschaffung der Festpreise, stellte alle Wirtschaftszweige auf eine neue feste Basis. Die Menschen erfasste ein starker Aufbauwille. Mit der Gründung der Bundesrepublik 1949 endete in Westdeutschland das Besatzungs-Regime der Siegermächte und die Grenzkontrollen zwischen den „Zonen".

Die Industrieproduktion stieg 1950-1960 jährlich um über 6 %. Auch die Leistungen der Landwirtschaft nahmen stark zu. Immer weniger Bauern erzeugten mehr Lebensmittel. Nach den Entbehrungen in den Krieges- und Nachkriegsjahren entwickelten die Deutschen, begünstigt durch fallende Lebensmittelpreise, einen Heißhunger aufs Essen, die „Fresswelle".

Der hiesige Ortsgeistliche sieht aber nicht nur positive Folgen des Aufschwungs. In den fünfziger Jahren berichtet er: „Aus Schnapsbrennerei und dem Waldbesitz fließen gute Einnahmen, die aber das Herz auch dieser bäuerlichen Pfarrkinder immer egoistischer machen und sie immer mehr ans Irdische klammern." Und weiter: „im Großen und

Ganzen kann man sagen, dass >das deutsche Wunder< einen Niedergang in der Wertschätzung katholischen Lebens und übernatürlichen Strebens brachte."

Im letzten überlieferten Seelsorgebericht – die Berichtspflicht wurde dann wohl abgeschafft – meint Pfarrer Weidenauer feststellen zu müssen: „Sie [die Bevölkerung] verfällt zunehmend dem praktischen Materialismus, der aus den Quellen: Milcherzeugung, Alkoholbrennerei, Waldnutzung und seit Neuestem Verkauf von Grundstücken zu horrenden Preisen genährt wird."[39]

1957 gründeten 5 Länder die Europäische Wirtschaftsgemeinschaft (EWG). Dies führte zur Etablierung einer gemeinsamen Agrarpolitik. Sie war verbunden mit der Festlegung von Mindestpreisen und einer Abnahmegarantie für die wichtigsten

---

[39] Pfarrer Max Weidenauer (1890-1968, res. 1935-1966), Seelsorgsjahresberichte 1946-1964

Lebensmittel. Die Definition von Mindestpreisen führt wie bei Höchstpreisen zur Ausschaltung des ausgleichenden Marktmechanismus aus Angebot und Nachfrage. Die Garantiepreise führten erwartbar zur Überproduktion. 1970 war deshalb in der vergrößerten Gemeinschaft ein Butterberg von 150.000 t entstanden, der durch subventionierten Export ins Ausland abgetragen wurde.

Um 1970 begannen Großbetriebe die Tierhaltung im industriellen Maßstab. Man führte Futtermittel aus Nord und Südamerika ein. Die Rationalisierung führte zu Überproduktion und Preisverfall. Der Bauer gerät in einen Teufelskreis: Um das Familieneinkommen zu erwirtschaften, muss er auch rationalisieren und mehr produzieren. So entsteht eine weitere Angebotserhöhung und weiterer Preisverfall. 1992, nach der Angebotsausweitung durch neue EG-Mitglieder und die mitteldeutschen

Betriebe, war eine Revision unausweichlich geworden. Man propagierte die Flächenstilllegung, und gewährte den Betrieben wegen der Einkommensverluste durch fallende Preise flächenabhängige Direktzahlungen.

Vor 50 Jahren, 1971, begannen in dem neuen Ortsteil Taufkirchen am Wald – auf Initiative der Stadt München – die Bauarbeiten für zahlreiche Wohnhäuser, um dem Wohnungsmangel abzuhelfen. Danach erschloss man zusätzliches Wohnungsbaugelände auch an den Rändern des alten Dorfes. Dadurch schoss die Einwohnerzahl von 1604 (1970) innerhalb von 7 Jahren um 12.000 in die Höhe.

Um dies zu ermöglichen, hatten zahlreiche Landwirte Äcker und Wiesen verkauft. Die Wünsche und Interessen der Bauernfamilien gingen nun stark auseinander. Etliche sind reich geworden, andere, die nicht verkaufen konnten oder wollten, gingen weiter ihrem angestammten Beruf nach. Es siedelten sich auch gewerbliche Betriebe an. 1956 waren es 19 mit 67 Beschäftigten, bis 2020 ist die Zahl auf rund 2.200 angewachsen![40]

In der hiesigen Landwirtschaft stellte sich in der Befragung im Jahr 2010[41] die Situation wie folgt dar: Betriebe 1960 = 62, 1980 = 46, 2010 = 19. Von den 19 Höfen waren 17 Einzelunternehmungen, davon 8 im Haupterwerb bewirtschaftete. Die Größenstaffel: bis 5 Hektar = 1, bis 10 = 1, bis 20 = 7, bis 50 = 6, bis 100 = 2,

bis 200 = 1, über 200 = 1 Anwesen.

In vier Ställen standen 2010 Rinder, in einem Hof gab es noch Schweine. Inzwischen wird gewerblich nur noch in zwei Betrieben Rinderhaltung betrieben.

---

[40] Auskunft der Gemeinde Taufkirchen, Herr Messner, vom 2.2.2021
[41] Angaben des Bay. Landesamts für Statistik, Fürth

Ein hiesiger Experte hat das folgendes aus seiner

aktiven Zeit seit 1970 berichtet: „Auf den Feldern

baute man in Taufkirchen zu 60 % Getreide an und

zu 20-30 % Kartoffeln für die Alkohol-

Destillation. Etwa von 1985 bis 1995 wurde auch

das Pfannywerk in München mit geeigneten Kar-

toffelsorten beliefert. Ab etwa 1990 durfte die bei

der Destillation anfallende Schlempe auf die Felder

verteilt werden, da die Vorschrift entfiel, diese

Reste ans Vieh zu verfüttern.

2017 endete das 1918 in Deutschland eingeführte

Brandweinmonopol, die finanzielle Förderung war

bereits 2013 entfallen. Ziel bei der Einführung war

gewesen, die Schnapsproduktion zu kontrollieren

und Steuereinnahmen zu generieren. Die Förde-

rung der Brennereien war in der Weise erfolgt,

dass der Staat den Rohalkohol zuletzt zum „Selbst-

kostenpreis" von 150 pro Hektoliter ankaufte, beim

Verkauf an die Industrie nach dem Marktpreis aber nur halb so viel dafür erhielt.

Ohne die Subvention lohnte sich für die hiesigen Bauern die Alkoholgewinnung nicht mehr. Der Transport der Kartoffeln zur Stärkeerzeugung nach Schrobenhausen oder zur Pommes-Frittes-Herstellung nach Vorarlberg erwies sich ebenfalls als unwirtschaftlich, sodass der Anbau beendet wurde. Die Brennerei im Ortszentrum wurde inzwischen abgebrochen und durch Wohnbebauung ersetzt. Beim Vieh war von 1970-90 neben der Milchviehhaltung die Bullenmast der Schwerpunkt. Die arbeitsaufwendige Viehwirtschaft ging danach kontinuierlich zurück und die Betriebe konzentrierten sich auf den Feldbau. Landwirtschaft in Taufkirchen bedeutet heute fast ausschließlich Getreideanbau. Der Landwirt Johann Berghammer ist Vorstand der Ortsgruppe vom Bayerischen Bauernver-

band. Er bewirtschaftet einen Hof im Osten Taufkirchens mit 50 ha Grund und 20 ha Wald. Er baut
in erster Linie Braugerste, Backweizen, Mais und
Raps an. Der kiesige Boden hat im Osten Taufkirchens nur eine geringe Oberbodenstärke. Der Erhaltung der Bodenfruchtbarkeit dient der Anbau
von Zwischenfrucht, das gelegentliche Ausbrei-
tung von gehexeltem Stroh. Auch wird ab und zu
Gülle oder Mist ausgebracht, das der Bauer im
Tausch gegen Stroh von Kollegen bezieht. Die
Düngung erfolgt ansonsten mit Industrie-dünger.
Der Mais benötigt verteilt übers Jahr 160-180
kg/ha; das Getreide 100-150 kg/ha. Die Maisfelder
umgibt der Landwirt mit „Blühstreifen". Als Saatgetreide kauft Berghammer jeweils Neuzüchtungen
ein. Einmalig sät er aber auch Körner aus eigener
Ernte, die aber bei Wiederholung in den Folgejahren wenig Ertrag ergäben.

Johann Berghammer, ein begeisterter Bauer, kontrolliert das Getreide in der Wachstums-phase wöchentlich. Falls Pflanzenkrankheiten auftreten, bringt er genau dosiert die ent-sprechenden Gegenmittel auf. Auch wenn es nicht wenig Arbeit verursacht, so muss heute jeder Landwirt das Ausbringen von Dünger- und Pflanzenschutzmittelgaben genauestens dokumentieren. Überhöhte Stickstoffgehalte wurden im Grundwasser und Hachinger Bach nicht registriert. Ein Randstreifen von 5 m muss jedoch vorsorglich generell und auf einen Feld des Bauern frei bleiben. Der betriebseigene Wald gliedert sich in 8 verschiedene, getrennt liegende Parzellen mit unterschiedlicher Bestockung. Heuer hat der viele Regen das Pflanzenwachstum gefördert. Beim Getreide musste der Betrieb in diesem Jahr aber durch Hagel einen Ausfall von

70-80 % der Ernte verkraften, der nur teilweise durch eine Versicherung ausgeglichen wird.

Zunehmend wird in Deutschland jedoch die industrialisierte Form der Landwirtschaft kritisiert. Man beklagt die Verunreinigung des Grundwassers und das Artensterben. Und man fordert das Tierwohl zu berücksichtigen. Viele wünschen sich eine Rückkehr zu naturverträglichem Wirtschaften und fordern von „Brüssel" die Umstellung der Agrarförderung von der flächenbezogenen Vergütung auf die Subventionierung nach Umweltstandards.

Nach zahlreichen Bauernprotesten gegen die Agrarpolitik wurde im Dezember 2019 auf Initiative von Bundeskanzlerin Angela Merkel die Zukunftskommission Landwirtschaft (ZKL) ins Leben gerufen. Sie setzte sich aus Vertretern von 40 Organisation von den Bauernverbänden, der Industrie bis zu den Naturschutzverbänden zusammen. Als Vorsitzender und Moderator fungierte der Historiker Prof. Peter Strohschneider (geb. 1955 in Stuttgart). Überraschenderweise gelang es Ihm in zahllosen Gesprächen bei dem hochemotionalen Thema in allen Details Einigkeit zu erzielen, sodass die Kommission im Juli 2021 der scheidenden Bundeskanzlerin den einstimmig verabschiedeten, knapp 300-seitigen Bericht mit den Empfehlungen zur Neugestaltung der Landwirtschaft vorlegen konnte.

Moderne Agrarlandschaft

Der Abschlussbericht der Kommission geht aus

von einer Zukunftsvision des Landwirtschafts- und

Ernährungssystems, das den Bedürfnissen von

Bauern und Verbrauchern gerecht wird und dauer-

haft ökonomisch tragfähig ist.

In Zukunft, so heißt es, wird die Landwirtschaft

zur Erhaltung der biologischen Vielfalt (Biodiver-

sität) und zur Verbesserung des Klimas beitragen.
Landwirte werden Anerkennung und ausreichende
Entlohnung erhalten.

Es wird gute Lebensmittel geben und hohe Tier-
schutzstandarts. Die Industrie wird mit den Bauern
fair zusammenarbeiten.

Für die Feldfluren empfiehlt die ZKL:

- den effizienteren und reduzierten Einsatz des
  Wirtschaftsdüngers
- die Vielfalt von Fruchtfolgen mit Mischkultu-
  ren und Zwischenfrüchten
- die Verbesserung der Bodenfruchtbarkeit
  durch den Einsatz von Mist und Kompost
- die Bodenbedeckung durch Pflanzenreste nach
  der Ernte
- die Düngung mit aufbereitetem Klärschlamm

Die Neuerungen führen zu erhöhten Produktions-
kosten. Ihre Erwirtschaftung ist eine große, ge-
samtgesellschaftliche Aufgabe.

Es ist zu hoffen, dass die Vorschläge des Zu-
kunftsberichts zur Landwirtschaft von der deutschen Politik möglichst vollständig umgesetzt und
auch in Europa und darüber hinaus zum Leitbild
erhoben werden. Die Finanzierung erfordert in
Deutschland und global jedoch grundlegend neue
Prioritäten in den Haushalten der Bürger und der
öffentlichen Hände, wobei diese durch die Bewäl-
tigung der gegenwärtigen Krisen bereits ange-
spannt sind.

Es gibt inzwischen weltweit genügend Apelle zum
Stopp der Ausbeutung und zur Erhaltung der Natur, es muss zügig gehandelt werden und die Pflege
der Böden, auf denen unser Brot wächst, ist dabei
eine vordringliche Aufgabe.

Literatur

Archäologische Staatssammlung München, Archäologie in München

Volker Arnold, Älter als die Römer? Bisher übersehene Spuren einstiger Beackerung unter bayerischen Wäldern in Forstliche Forschungsberichte Nr. 218, München 2020

Bundesministerium für Ernährung und Landwirtschaft, Abschlussbericht der Zukunftskommission Landwirtschaft, Berlin 2021

Walter Eucken, Die Grundlagen der Nationalökonomie, Berlin 1950 / Heidelberg 1989

Torsten Gebhard, Zur Volkskunde im Hachinger Tal, Schönere Heimat 1988, Heft 1

Gemeinde Taufkirchen (Hg.), Museumsführer für das Heimatmuseum, Taufkirchen 2015

Dietrich Grund, Kirche und Gemeinde St. Johannes in Taufkirchen, Verlag BoD, Norderstedt 2020

Karl Hobmair, Hachinger Heimatbuch, Kath. Pfarramt Oberhaching 1979

Gerald Huber, 12000 Jahre Weihnachten, Ursprünge eines Festes, Volk Verlag München 2019

Katalog der Ausstellung Bauern in Bayern, Straubing 1992

Katalog der Ausstellung Die Bajuwaren, Rosenheim und Mattsee 1988

Katalog der Ausstellung Die Jesuiten in Bayern, München 1991

Johann Kirchinger: Intensivierung und Radikalisierung - Landwirtschaft in Oberbayern zwischen Erstem Weltkrieg und "Drittem Reich", in: Jan Borgmann/Monika Kania-Schütte (Hg.): Eine neue Zeit. Die "Goldenen Zwanziger" in Oberbayern, München 2019, S. 11-41.

August Koch, Kulturbilder aus dem Hachinger Tale [...], München 1911, Reprint 1985

G. Mooseder, A. Hackenberg (Hg.), 1200 Jahre Perlach, München 1990

Werner Reindl, 1200 Jahre Gartenkultur im Hachinger Tal, Eigenv., Unterhaching 2006

Reinhard Riepl, Wörterbuch zur Familien- und Heimatforschung [...], Waldkraiburg 2004

Josef Sturm, Die Rodungen in den Forsten um München, Sauerländers Verlag, Fft./M. 1941

Wolfschneiderhof in Taufkirchen, Lkr. München, Taufkirchen 2015

Bildnachweis